EDWIN CA**S**

EL **SECRETO** DE
SALOMÓN

Encuentre la sabiduría
para manejar sus finanzas

**CASA
CREACIÓN**

Para vivir la Palabra

Para vivir la Palabra

MANTENGAN LOS OJOS ABIERTOS,
AFÉRRENSE A SUS CONVICCIONES,
ENTRÉGUENSE POR COMPLETO,
PERMANEZCAN FIRMES,
Y AMEN TODO EL TIEMPO.
—1 Corintios 16:13-14 (Biblia El Mensaje)

El secreto de Salomón por Edwin Castro
Publicado por Casa Creación
Miami, Florida
www.casacreacion.com
©2023 Derechos reservados

Library of Congress Control Number: 2017944987
ISBN: 978-1-62999-341-6
E-Book ISBN: 978-1-62999-354-6

Desarrollo editorial: *Grupo Nivel Uno, Inc.*
Adaptación de diseño interior y portada: *Grupo Nivel Uno, Inc.*

© 2017 por Edwin Castro
Todos los derechos reservados.

Visite la página web del autor: www.nexosglobal.com

Nota de la editorial: Aunque el autor hizo todo lo posible por proveer teléfonos y páginas de internet correctos al momento de la publicación de este libro, ni la editorial ni el autor se responsabilizan por errores o cambios que puedan surgir luego de haberse publicado.

Impreso en Colombia

23 24 25 26 27 LBS 9 8 7 6 5 4 3 2 1

DEDICATORIA

ESTE LIBRO ESTÁ dedicado a quien ha sido mi Maestro, Mentor y Discipulador por excelencia: el Espíritu Santo.

Gracias por cada enseñanza, por los secretos que me muestras, por estar siempre allí cuando más te necesito y por acompañarme en cada momento de la vida.

Cada día te necesito más.

CONTENIDO

AGRADECIMIENTOS

L A VIDA DE todo ser humano está marcada por el aporte de personas que han participado en su formación y crecimiento; obviamente yo no soy la excepción.

Quiero expresar mi agradecimiento a personas clave en mi proceso de crecimiento como hombre, esposo, padre, ministro, empresario y autor.

A mis padres, por siempre inculcarme el amor y la honra a Dios por sobre todas las cosas, el valor del trabajo, la integridad, la generosidad y el emprendimiento.

A mis hermanos, por modelarme a ser un hombre de Dios.

A mi esposa, por amarme y apoyarme.

A mi hija Marianna, por traer tanta alegría a mi vida.

A mis mentores:

Pastor José Silva, por ser un ejemplo de integridad, pasión y fidelidad a Dios, por mostrarme que se puede ser feliz y servir a Dios en los años dorados.

Profeta Kevin Leal, gracias por enseñarme la pasión por establecer el Reino de Dios en la tierra y modelarme la valentía de ser quien Dios dice que yo soy.

Pastor Héctor Pardo, gracias por inspirarme a tener influencia siendo humilde, a ser amoroso pero firme y a amar a Jesús apasionadamente.

Rolando Justiniano, gracias por enseñarme que el Reino tiene vigencia en este siglo y en todo ámbito de la sociedad.

Andrés Panasiuk, gracias por lo que has hecho en la vida de millones, gracias por ser una inspiración para ayudar a alfabetizar financieramente al continente.

A mis discípulos, les agradezco su amor, paciencia e incondicionalidad. Gracias por ayudar en mi proceso de formación ministerial.

Por último quiero agradecer a todos los miembros de PRESENCIA VIVA, por su amor, apoyo y confianza durante todos estos años.

PRÓLOGO

CUANDO STEVE JOBS falleció, en agosto del 2011, un gran número de personas en Estados Unidos se volcaron a las librerías norteamericanas para comprar el libro de su biografía que escribió con Walter Isaacson y que apenas había salido al mercado. Todos querían saber el secreto de su éxito. ¿Cuál era el ingrediente principal del camino a la fortuna?

Sin embargo, pronto notarían que en el fondo, no existe un secreto para llegar al éxito. La verdad es que no hay una manera fácil de hacer algo tan difícil. Sí, hay mucho trabajo, mucho sacrificio, mucho de hacer cosas que nadie quiere hacer y perder cosas que nadie quiere sacrificar. Más que un "componente", el éxito requiere de una "mezcla". Más que una frase informática, requiere de un ADN.

La Biblia nos cuenta la vida de un hombre que probablemente fue más rico que Steve Jobs, Warren Buffett y Carlos Slim juntos, Salomón fue el hombre más sabio y más rico de la historia y eso es algo para prestarle atención.

En este libro, el pastor Edwin Castro une su exitosa experiencia empresarial junto a su experiencia pastoral para traernos *El secreto de Salomón*, una serie de consejos, principios e ideas que nos colocarán en el camino adecuado al momento de pensar en nuestro desarrollo económico.

El Señor nos dice en su Palabra: "Porque mis ideas no son como las de ustedes, y mi manera de actuar no es como la suya. Así como el cielo está por encima de la tierra, así también mis ideas y mi manera de actuar están por encima de las de ustedes" (Isaías 55:9).

Esa es la razón primordial por la que le tenemos que hacer caso a Dios al momento de manejar nuestra vida financiera: Sus Principios son poderosos y revolucionarios. Son atemporales e interculturales: eran verdad hace 3000 años entre el pueblo de Israel y son verdad el día de hoy en Nueva York, París, Durban, Deli o Beijing. Son, literalmente, *de otro mundo.*

Los Principios eternos de Dios para el manejo del dinero y las posesiones (llamados también Principios "P") a veces van de la mano del sentido común y, a veces, sus ideas más comunes *no tienen ningún sentido.*

Ideas como "vivir para morir", "dar para recibir", "perder para ganar" o "servir para liderar" son paradojas muy difíciles de comprender y, especialmente, de aplicar en nuestras propias vidas. Sin embargo, si las obedecemos y le somos fieles, Dios ha prometido bendecir el fruto de nuestras manos.

Dios le dijo a Josué: "Lo único que te pido es que tengas mucho valor y firmeza, y que cumplas toda la ley que mi siervo Moisés te dio. Cúmplela al pie de la letra para que te vaya bien en todo lo que hagas. Repite siempre lo que dice el libro de la ley de Dios, y medita en él de día y de noche, para que hagas siempre lo que éste ordena. Así todo lo que hagas te saldrá bien" (Josué 1:7–8).

Con una teología balanceada y una experiencia probada en el campo empresarial, mi buen amigo y asociado ministerial Edwin Castro, nos desafía a no solamente *conocer* los Principios Eternos de la Palabra de Dios para el éxito económico, sino también a *vivirlos*.

Trabajar junto a Edwin Castro, su ministerio, su organización y su familia, ha sido un verdadero gozo todos estos años.

Estoy seguro de que este libro tendrá un impacto especial en su vida. Prepárese para experimentar algo diferente. Prepárese para cambiar de adentro hacia afuera. Prepárese para descubrir el secreto de Salomón.

—**Dr. Andrés G. Panasiuk**
Cultura Financiera

INTRODUCCIÓN

E N EL PROCESO de iniciar nuestra congregación en la ciudad de Miami, tuve la oportunidad de realizar múltiples entrevistas a dos tipos de personas: los que no asistían a iglesias y los que habían dejado de asistir. Los resultados me causaron gran inquietud; sin embargo, eran similares a estadísticas y estudios que había leído. Un alto nivel de estas personas no asistía o lo había dejado de hacer por la manera como se trataba el tema del dinero en las congregaciones.

La percepción actual que muchas personas tienen de los pastores y las iglesias no es otra que la de mercaderes y mercados de fe, vendedores de milagros, manipuladores, personas que sacan provecho de sus congregaciones.

"ES QUE PIDEN DINERO EN LA IGLESIA"

Comencé a realizar las entrevistas con personas que no pertenecían a la iglesia y con otras que alguna vez asistieron. El común denominador de ambos grupos fue que tenían un concepto desfavorable de las congregaciones. Por eso, mi intención fue saber su historia y qué sentimientos o experiencias habían tenido y por qué tenían este concepto.

Llegué a una conclusión muy importante. Todos, sin excepción, deseaban tener una relación con Dios o mejorarla, anhelaban tener una intimidad mayor con Él. Hubo una segunda conclusión que parece diferente a la primera, pero en realidad es muy similar. Este segundo aspecto que encontré es que las personas decían que deseaban asistir a la iglesia, pero había muchos factores contrarios que se lo impedían, entre ellos ocupaciones como la familia y el trabajo. Debido a las fuertes cargas financieras de sus casas, no se permitían el lujo de dejar de trabajar los domingos. Por esa razón, no podían asistir a la congregación en determinado momento. Aunque parecen dos aspectos, en realidad remiten a una misma causa. La respuesta más frecuente que me daba la gente era la siguiente: "Es que en las iglesias sólo se dedican a pedir dinero". Muchas de las personas que se han unido a nuestra congregación me han dicho: "Me quedé en esta iglesia porque aquí no piden dinero".

UNA ORDEN DIRECTA DE DIOS

Pasaron cerca de dos años para que Dios me permitiera predicar sobre el tema de las finanzas en la iglesia que dirijo. Había sido algo que deseaba hacer desde tiempo atrás, pero, por decirlo de alguna manera, no había recibido la aprobación de Dios. Este es uno de mis temas predilectos. He escrito libros y Dios me ha abierto plataformas en radio y televisión para hablar con libertad sobre la administración del dinero. Sin embargo, cuando Dios me dio el privilegio de comenzar con nuestra congregación, supe desde el mismo inicio que Él no quería que nuestro énfasis fuera en el tema financiero. Por supuesto, educaríamos a la gente, pero no nos desgastaríamos en cada reunión haciendo hincapié, "presionando" y tratando de convencer a la gente para que diezmen u ofrenden. El nuestro no sería un lugar donde se tendría una segunda o tercera "oportunidad" para honrar a Dios con otra ofrenda en una misma reunión.

Recibí una orden directa de parte de Dios que consistió en instruir a las personas de una manera diferente, es decir, mediante grupos pequeños, para que de esta forma en ellos naciera un deber personal con Él, tanto en su parte espiritual como en sus compromisos de finanzas con Dios. Creemos en un principio: cuando alguien se enamora de Jesús, por gratitud no tendrá dificultad de regresar y entregar lo que a Él le corresponde.

Desde el inicio de nuestra iglesia hemos sido fieles a ese direccionamiento y hasta el día de hoy no hemos tenido carencia o escasez alguna, como lo cita la Palabra. No ha habido una sola oportunidad en la cual recojamos ofrendas o diezmos durante alguna de nuestras reuniones. Así pues, Dios se ha encargado de nuestro sustento y, más aún, somos una comunidad marcada por uno de nuestros principales valores corporativos: la generosidad.

No pretendo alardear con las cosas que hemos alcanzado, ni crear una nueva doctrina. Tan sólo quiero dejarle saber que vale la pena obedecerle a Dios cuando manda hacer algo que va en contra de la lógica, la tradición o los no pocos consejos que ha recibido, inclusive, de personas muy cercanas para que recoja ofrendas, para que le recuerde a la gente sobre sus responsabilidades hacia Dios. Sólo habían transcurrido cuatro meses desde la apertura de la iglesia cuando los niños ya no cabían en el lugar que rentábamos. Era un templo hermoso, aunque pequeño, que mi hermano nos había prestado para que iniciáramos. Enfrentábamos una situación muy interesante: un rápido crecimiento, pero un lugar muy pequeño para congregarnos. Fue en ese instante en que mi fe fue puesta a prueba para salir a buscar un lugar propio, con todo lo que esa decisión implicaría. No deseo ahondar en esta historia, sino que simplemente deseo dejarle saber que encontramos un lugar muy adecuado, pero que debía ser adaptado a los códigos de construcción de la ciudad para el funcionamiento de una iglesia. Este proyecto costó USD 180 000. Recuerde: éramos una iglesia de cuatro meses de existencia, con no más de 60 miembros y no recogíamos diezmos ni ofrendas.

Para el primer aniversario de nuestra iglesia, estábamos realizando la inauguración del nuevo templo con todo el mobiliario, instrumentos, equipos, totalmente pago. Esto solo pudo haberse llevado a cabo por medio de la obra del Espíritu Santo que llevó a que personas, inclusive de otros países, aportaran para este sueño de Dios.

El hecho de que no estemos haciendo énfasis en los diezmos y ofrendas no significa que este tema no tenga validez. Todo lo contrario. Creemos en el poder que hay en el dar y sabemos que esto trae bendición y respuesta de parte de Dios. Así pues, simplemente quiero decirle que vale la pena obedecerle a Dios. Lo he experimentado a lo largo de estos años al hacer las cosas tal como Él desea.

ABUSO O MANIPULACIÓN

Para regresar al tema de las entrevistas que realicé, recuerdo un caso en particular que me causó mucha tristeza. La mamá de un muchacho me decía: "No comprendo. Mi hijo se metió a la iglesia y he visto cosas muy buenas que han sucedido, pero no entiendo algo. Ahora que él tiene su carro dañado, aunque cuenta con el dinero para arreglarlo, primero debe pagar el dinero en la iglesia para así poder continuar sirviendo. Si se llega a atrasar en los diezmos, le envían una carta de parte de la Iglesia donde le dicen que se ha atrasado en su pago". Cuando ella me reveló eso, recordé las facturas que nos llegan para cancelar nuestros servicios públicos o cuando llegan los estados de cuentas.

Para algunos es un abuso, para otros es manipulación; quienes prefieren ser más sinceros abren su corazón diciendo que algunos pastores son ladrones. Por lo general, las personas me dijeron que no entendían cómo el pastor tiene un carro de lujo e, incluso, llegan a tener hasta un avión, pero ellos o sus familiares no tienen cómo movilizarse. Le aclaro que no tengo nada en contra de manejar un buen carro, vivir en un buen lugar y ser pastor. Creo que es lo menos que un hombre o mujer que se dedica al Reino puede tener.

Las finanzas no deberían ser un problema más para atender cuando uno está en el ministerio. ¡Ya basta con los problemas y las dificultades que se les presentan a los miembros y son traídas a los ministros! Por otro lado, entiendo que la responsabilidad por la administración de los dineros de la iglesia es exclusiva del pastor, pero creo que se ha hecho mucho daño por la falta de sabiduría y tacto en el manejo de este tema.

He visto también con suma tristeza que muchos de los pastores no predican respecto al área de las finanzas porque algunos de ellos lamentablemente no tienen la autoridad para hacerlo. Me refiero a que no pueden hablar de temas específicos que la Biblia menciona, porque ellos mismos no los practican. No hay nada peor que enseñar algo que usted no práctica. ¿Por qué razón? Porque por sus palabras serán juzgadas o recompensadas.

LAS CIFRAS QUE ME INQUIETARON

Al ahondar un poco más en este tema, encontré algunas cifras alarmantes entre los hispanos en Estados Unidos. El estudio que compartiré en este capítulo fue una inversión de un cuarto de millón de dólares por parte del grupo Barna, la compañía que tuvo como enfoque específico el área de las finanzas.

Las siguientes son unas cifras importantes de esta estadística:

De los hispanos encuestados, el 36% dice tener problemas financieros.

El 29% de los latinos afirma pedir consejo a la familia o a los amigos cuando tienen problemas financieros. Sin embargo, ¿cuál es el problema con esto? La respuesta es que se está pidiendo consejo financiero a un amigo o familiar que tal vez está en quiebra, o a alguien que se encuentra con la tarjeta de crédito con su saldo al tope. Así pues, con estos antecedentes imagínese la clase de consejo que pueden llegar a brindar en determinada situación.

El 13% de la gente que tiene problemas económicos no sabe en dónde pedir ayuda, pues no ha encontrado una fuente fidedigna que los oriente, no sólo en su presente, sino también en su futuro. Hoy día, la personas promedio están basando su toma de decisiones en lo que dice Google, los medios de comunicación o las redes sociales.

El 3% de todos los hispanos piensa que en la Iglesia se puede encontrar un consejo saludable financieramente. Este dato parece revelar que la gente considera que la iglesia está dirigida por hombres y mujeres que saben hablar de la Biblia, pero desconocen de la administración de las finanzas.

Las finanzas y la Biblia

Solamente el 7% piensa que la Biblia tiene un consejo relevante en el área de las finanzas. Eso quiere decir que 7 de cada 100 personas en determinada instancia buscarían la Biblia con el propósito de encontrar algún tipo de consejo para la administración de sus finanzas.

¿Cuál es el problema con esto? La conclusión general a que se llegó es que en la mente de la persona promedio hay una desconexión total entre las finanzas y la Biblia. El problema es que esta situación ahora se ve en todas las áreas de la vida. Así pues, la Biblia ha venido perdiendo relevancia e importancia en el manejo de nuestra vida y en la toma de decisiones. Por esa razón, en cada oportunidad que tengo insto y promuevo el hecho de buscar la Palabra de Dios como el Manual de Vida, para que se medite en el consejo que de allí se requiere tomar. Quiero enfatizar algo: en la Palabra está contenido el mejor consejo para el matrimonio, para la familia, así como también para las finanzas y para saber cómo construir un negocio. Existen consejos para todas y cada una de las áreas de la vida. Usted y yo tenemos este manual del fabricante y el fabricante no va omitir ciertos aspectos del producto que fabricó.

Teniendo en cuenta esta declaración, deseo presentarle a un sabio rey de la Biblia. Sus escritos contienen una sabiduría sin igual que nos dan una clara instrucción sobre cómo evitar la pobreza en la vida. Espero que en este material encuentre herramientas precisas para generar riqueza y dejar una gran herencia a sus hijos y nietos.

1

EL CONSEJO DE
UN MILLONARIO

¿QUIÉN FUE SALOMÓN?

CUANDO EMPECÉ A preparar la serie sobre finanzas para la iglesia, revisé todos mis estudios y predicaciones anteriores, y encontré que había un hombre en particular que había sido la inspiración principal del conocimiento que tengo sobre este tema: el rey Salomón.

Salomón aparece en la Biblia como uno de los personajes más importantes y trascendentes del Antiguo Testamento; pero ¿por qué razón quiero hacer énfasis en este hombre? La Biblia nos deja saber que él ha sido el hombre más rico que ha existido en toda la historia de la humanidad. Lo explicaré en detalle más adelante.

¿Cree que podríamos tener algún tipo de consejo de parte de un hombre como Salomón? De hecho, en la actualidad, las personas usualmente buscan referentes palpables, por ejemplo, Carlos Slim, Bill Gates, Warren Buffett, para aprender sobre el tema de las finanzas; leen sus libros, ven sus entrevistas, asisten a conferencias donde estas personas estarán o, incluso, pagan altos precios por tener oportunidades únicas, como un almuerzo privado. Cuando hablo de altos precios me refiero a que en los últimos años se han subastado este tipo de citas, en las que los ganadores llegan a pagar más de tres millones de dólares por una hora a solas con uno de estos magnates. Vale la pena aclarar que las utilidades de estas subastas tienen fines caritativos.

Pues bien, quiero invitarlo para que estudiemos los consejos del rey Salomón sobre el tema financiero. Habría sido un privilegio para cualquiera haber tenido la oportunidad, aunque sea por un instante, de estar sentado al lado de él para ser instruido y enseñado. En efecto, aprenderemos cuáles son los consejos y los principios que nos va a enseñar sobre las finanzas.

Hay una práctica en la industria del cine en Hollywood: se tiende a proyectar películas cuyo contenido deja en incertidumbre al espectador. El único objetivo de esta estrategia es realizar, más adelante, una película en que se explica cómo empezó todo, cuáles fueron los orígenes de la historia. De esta forma, es posible lanzar un mayor número de películas y maximizar las ganancias. Pues bien, haremos lo mismo con Salomón, es decir, vamos a empezar con el final para después llegar al principio.

¿QUIÉN QUIERE SER MILLONARIO?

Veamos lo que la Biblia nos dice de la fortuna del rey Salomón.

> "Así excedía el rey Salomón a todos los reyes de la tierra en riquezas y en sabiduría. Toda la tierra procuraba ver la cara de Salomón, para oír la sabiduría que Dios había puesto en su corazón. Y todos le llevaban cada año sus presentes: alhajas de oro y de plata, vestidos, armas, especias aromáticas, caballos y mulos. Y juntó Salomón carros y gente de a caballo; y tenía mil cuatrocientos carros, y doce mil jinetes, los cuales puso en las ciudades de los carros, y con el rey en Jerusalén".
>
> —1 Reyes 10:23–26

Quiero, por favor, que no tome esta historia livianamente; incluso, si ya la leyó, permita que el Espíritu Santo traiga una nueva revelación a su vida. Estoy seguro de que vamos a encontrar perlas preciosas alrededor de ella.

Si yo hiciera esta pregunta a una multitud, creo que muchos, o mejor todos, levantarían su mano afirmativamente: ¿Quién quiere ser millonario? Este es un anhelo que, por lo general, está en el corazón de las personas. Por esta razón, deseo, estudiar el poder que poseía Salomón, su riqueza y, obviamente, la manera en que llegó a este estado.

Si le dijeran que se va a realizar un concurso donde el premio es una cena de una hora con uno de estos hombres que mencioné anteriormente, ¿qué haría? Yo creo que usted trataría de ganar este premio a como dé lugar. De lograrlo, aprovecharía este tiempo al máximo, trataría de extraer lo mejor de esa persona y nunca olvidaría sus palabras. Pues bien, en este libro usted no va a tener la oportunidad de una cena con un millonario, sino que va a poder conocer las memorias y consejos más relevantes. Este aprendizaje es de un valor inmenso.

La bendición de Dios es completa

La historia de la Biblia nos dice que la gente quería ir a visitar al rey para escucharlo y año tras año le llevaban regalos, artículos de plata, oro, vestidos, armas, perfumes, caballos y mulas. Esto quiere decir que la gente honraba a Salomón y mostraba su gratitud hacia él. Al parecer era tan valiosa cada visita, que las personas no se medían en su manera de ofrecerle sus bienes. De esta forma, él aumentó en gran número sus carros de combate y sus caballos, de manera tal que llegó a tener 1400 carros y 12 000 caballos, los cuales mantenía en las caballerizas reales y también en su palacio en Jerusalén.

Con estas premisas nos damos cuenta de que estamos hablando de un hombre brillante, alguien que alcanzó a conquistar grandes metas con las que logró demostrar el poder que tiene Dios para bendecir. Quiero enfatizar ahora algo: cuando Dios bendice, lo hace de una manera completa.

"La bendición de Jehová es la que enriquece, y no añade tristeza con ella".

—Proverbios 10:22

No sé si al leer los versículo de 1 Reyes 10:23–26, se hizo la misma pregunta que yo me planteé cuando lo leí: ¿cuánto puede costar el sostenimiento mensual de esta cantidad de caballos? Entonces me comuniqué con algunos amigos que tienen gusto por los caballos y les pregunté cuánto podría costar mensualmente mantener solo un caballo. Las cifras son considerables. El mantenimiento de un caballo normal puede costarle a su dueño algo así como USD 300 al mes; debe tener en cuenta el alimento, las medicinas, los herrajes, su cuidador, etc. Imagine cuánto se incrementa este valor si el caballo es un pura sangre, un paso fino, es decir, el caballo de un rey. ¿Por qué le digo esto? Porque la Biblia nos deja saber que los caballos de Salomón eran muy finos y traídos de Egipto.

"Los comerciantes de la corte compraban en Egipto y Cilicia los caballos para Salomón. El precio de un carro comprado en Egipto era de seiscientas monedas de plata, y el de un caballo, ciento cincuenta".

—2 Crónicas 1:16, TLA

Retomemos el tema del costo del mantenimiento. Hablamos de $300; esto nos daría un equivalente a unos $10 diarios, pero leemos que Salomón tenía algo así como

12 000 caballos, aunque en 1 Reyes 4:26 también nos dice que en determinado momento el rey llegó a poseer 40 000. Por ahora utilicemos la cifra más "pequeña", es decir 12 000. Hagamos un cálculo: ¿cuánto costaba entonces mantener los caballos de Salomón al mes? La respuesta es USD 3 600 000 al mes. Esta cifra, por supuesto, es algo básico, un estimado muy conservador.

Si traemos estas cifras a nuestra época, podríamos preguntar: ¿Quién en estos tiempos gastaría USD 3 600 000 en el mantenimiento de unos caballos? O podríamos empezar averiguando: ¿quién tiene 12 000 caballos? Recuerde que calculamos un valor con caballos normales, aunque la Biblia afirma que eran animales traídos de Etiopía y Egipto, que se compraban sólo para los príncipes, es decir, que este tipo de caballos eran de una raza exclusiva. Ahora bien, si hacemos un cálculo general de cuánto costaban los equinos de Salomón a precio de hoy, llegaremos a la nada despreciable cifra de 150 millones de dólares, en el caso en que sólo hubiera tenido unos 12 000 caballos. No sé si usted está sorprendido, pero estos eran los presupuestos que manejaba Salomón en una categoría como la de los caballos.

¿PIEDRAS DE ORO?

"Y acumuló el rey plata y oro en Jerusalén como piedras, y cedro como cabrahígos de la Sefela en abundancia".

—2 Crónicas 1:15

El rey hizo que la plata y el oro fueran en Jerusalén tan comunes como las piedras. Dimensionemos lo que estamos leyendo: ¡Era tan común el oro y la plata como si fueran simples piedras! Esta afirmación nos hace pensar que estos metales, tan valiosos hoy día, perdieron su importancia debido a la gran abundancia que el rey poseía.

Así mismo, el cedro abundaba como la higuera en la llanura. Si tal vez usted desconoce las características de esta madera, ahora las observaremos. El término hebreo para *cedro* es "qatar", que significa "purgar", pues indican que la madera de cedro se usaba para los rituales de purificación y limpieza. También significa "poder".

Estos árboles florecen desde las regiones árticas hasta las zonas tropicales. Si bien gozan del calor, saben soportar el frío. Brotan exuberantes en las orillas de los ríos; no obstante, se elevan majestuosamente sobre el páramo árido y sediento. Clavan sus raíces profundamente entre las rocas de las montañas y audazmente desafían la tempestad. Sus hojas se mantienen frescas y verdes cuando todo lo demás ha perecido bajo el soplo del invierno. Sobre todos los demás árboles, el cedro del Líbano se distingue por su fuerza, su firmeza y su vigor perdurable.

> "El justo florecerá como la palmera; crecerá como cedro en el Líbano".
>
> —Salmo 92:12

El cedro del Líbano tiene un agradable aroma. Sus raíces crecen por metros y metros, en busca de la humedad.

> "Porque será como el árbol plantado junto a las aguas, que junto a la corriente echará sus raíces, y no verá cuando viene el calor, sino que su hoja estará verde; y en el año de sequía no se fatigará, ni dejará de dar fruto".
>
> —Jeremías 17:8

El cedro tiene unas características muy particulares que hacen que su madera sea costosa. Por ejemplo posee, un follaje siempre verde que permanece nutriéndose para que no pierda su color, de modo que nunca se pudre. Su madera da el mejor brillo de todos los árboles. Es fuerte, compacta, de modo que puede servir como vigas de una edificación y como revestimientos exteriores, tal como se usó en el templo de Salomón y el palacio de David. El cedro no era vulnerable a insectos y gusanos, así que se usaba como repelente. Su aceite tiene propiedades antisépticas y es formulado para afecciones de las vías respiratorias y para sanar heridas.

Con estas características podemos comprender cuán valiosa es esta madera. Si usted ha comprado muebles hechos con cedro, sabrá que tienen un valor superior a los fabricados en otros materiales. Sin embargo, para Salomón el cedro era tan normal como una higuera.

Quiero ahora compartir algunas cifras respecto a los ingresos que tenía Salomón. Recuerde que simplemente estoy tratando de que veamos la riqueza que él tenía.

Una bendición extendida

"El peso de oro que venía a Salomón cada año, era seiscientos sesenta y seis talentos de oro".

—2 Crónicas 9:13

La cantidad de oro en tributos que Salomón recibía anualmente llegaba a los 22 000 kilos (48 400 lbs.), sin contar lo que recibía por impuestos que pagaban los mercaderes y comerciantes, y otros impuestos de los reyes de Arabia y gobernantes de otros países. Quiero tratar de darle una idea, en valor actual, del dinero que estamos hablando. En los últimos tiempos, el precio del oro ha fluctuado entre los USD 1300 a 1800 por onza. A manera didáctica, utilicemos un valor de $1500. En primer lugar, se debe aclarar que un kilogramo de oro tiene 32 onzas hoy, o sea que el valor de un kilogramo de oro es aproximadamente de USD 48 000. Con este dato podemos determinar cuánto dinero podía recibir Salomón por los primeros 22 000 kilos (48 400 lbs.) de tributos. En términos reales, la cantidad aproximada sería más de mil millones de dólares, sin incluir los tributos que le traían los otros reyes que habitaban alrededor, ya que Salomón se había hecho gobernador de una gran región geográfica.

He realizado este desglose de algunas de las cifras que manejó el rey Salomón para que comprendamos que los consejos que encontrará en este libro no provienen de una persona inexperta o carente de recursos. En realidad, estaremos estudiando la vida de un hombre muy rico, gran gobernante y en extremo sabio. El resumen que le presento en los capítulos por venir, le mostrará recomendaciones a seguir y hábitos para evitar. El rey nos enseña que hay algunas acciones que nos llevan a la riqueza y otras que nos conducen a la pobreza, será su decisión implementar las positivas y evitar las negativas, al tener está mezcla en nuestra vida, encontraremos el secreto de Salomón.

Antes de empezar a conocer los detalles de estos importantes consejos, deseo plantarle mi opinión bíblica con respecto a las riquezas; pero más que mi opinión, deseo tratar de explorar el corazón del Padre celestial hacia sus hijos. Hay grandes contradicciones en la enseñanza financiera en la actualidad: mientras que algunos nos dicen que Dios nos quiere pobres, otros con gran vehemencia declaran que tenemos que ser ricos. El interrogante es: ¿Qué dice la Biblia?

2

EL SECRETO DE LA RIQUEZA DEL REY SALOMÓN

Lo que el Padre desea para sus hijos

DESEO QUE PUEDA conocer cuál es el corazón del Padre respecto a las finanzas. Por favor guarde esto en su corazón: Dios no está detrás de su diezmo; tampoco le pedirá algo para empobrecerlo. Tan sólo desea enseñarle lo que significa depender de Él. Le pregunto: ¿En qué se basa para decir que ama a Jesús? ¿Depende de la respuesta que reciba por una petición o de cuánto Él le pueda dar? Quiero enseñarle que, al igual que en toda la Biblia, nuestro Dios desea demostrar su misericordia y amor en esta área también. Sin embargo, hemos tenido una distorsión en la enseñanza del tema financiero.

Rompiendo esquemas

Pongamos esto en perspectiva: Dios es tan detallista que para la venida de su hijo al mundo, cuando Jesús era apenas un recién nacido, ya le estaba hablando a gente que estaba bastante lejos del lugar de su nacimiento. Puedo imaginar algo como esto: "Mi Hijo va a la tierra para empezar un ministerio. Voy a hacer arreglos para su manutención". No sé cuál era la condición financiera de José. Algunos dicen que era bastante pobre; otros, que era muy rico, ya que era carpintero. El punto es que Dios trae a unos magos de oriente con provisión para su Hijo.

> "Cuando Jesús nació en Belén de Judea en días del rey Herodes, vinieron del oriente a Jerusalén unos magos".
>
> —Mateo 2:1

Hay que aclarar lo siguiente: la Biblia no afirma lo que la tradición nos ha enseñado de una manera errónea. Note que la Palabra dice "unos", pero no indica cuántos eran, mucho menos sus nombres. El tema fundamental es que Dios se provee de unos hombres que, según los eruditos de la Palabra, venían desde Persia, una región muy lejana de allí. Ellos trajeron incienso, mirra y oro. Cada uno de estos regalos tenía un significado especial, además de su alto valor comercial.

Me imagino que usted, en algún momento, ha visto una película de la vida de Jesús en la que aparecen tres hombres, uno de los cuales es de tez morena, y que llegan con unos pequeños cofres y recipientes hasta el lugar del nacimiento. En primer lugar, me parece incoherente realizar un viaje tan prolongado, simplemente para traer un pequeño cofre. En segundo lugar, me causa curiosidad que la Biblia afirma que el rey Herodes y toda la ciudad de Jerusalén se conmocionaron con la llegada y el anuncio de estos hombres; seamos claros: ¿cree usted que una ciudad tan grande, con aproximadamente unos cien mil habitantes, se habría conmocionado con la llegada de tres hombres con pequeños cofres (según la tradición popular)? La Biblia nos dice que estos hombres abrieron sus tesoros para adorar a Jesús. Yo creo que lo que en realidad pasó fue algo multitudinario. Creo que era tan grande la caravana que traían estos hombres, que no pasó desapercibida, ni siquiera por el rey mismo. Hay que entender que fue tan asombroso lo que vio el rey Herodes que produjo la expedición de una ley en donde ordenó que mataran a todos los niños que pudieran ser ese Rey.

Aunque es factible que esta cita no hable específicamente de este momento, permítame utilizarla para describir lo que verdaderamente creo que ocurrió en Jerusalén.

"Multitud de camellos te cubrirá; dromedarios de Madián y de Efa; vendrán todos los de Sabá; traerán oro e incienso, y publicarán alabanzas de Jehová".

—Isaías 60:6

Nosotros hemos creído que los magos venían con cosas insignificantes o, por lo menos, pequeñas, pero no creo que haya sido así. Dios nunca bendice de una manera escasa y esta vez no fue la excepción. Por el contrario, dotó de bendición sobreabundante a José y María, ya que Jesús no iba a ser una carga para ellos, sino que por Él ellos serían cubiertos por la provisión del Padre. Así pues, hay que reflexionar en lo siguiente: si se presentó un fenómeno natural, como una estrella en el cielo que indicaba el lugar del nacimiento, y si se aparecieron multitudes de huestes celestiales que cantaban en el cielo, ¿no cree que en la tierra estaba a punto de ocurrir algo de una proporción grandiosa? Tan sólo debería bastarnos entender que el Padre tiene planes de bienestar y no de calamidad; y es preciso entender que no sólo tienen que ver con las finanzas, sino que también las incluye.

ARTIMAÑAS Y LOCURAS

Qué triste es escuchar los engaños, artimañas y locuras que se plantean hoy día, con el fin de hacer creer que de esta manera se pueden conquistar beneficios de Dios. Por ejemplo, motivan a la gente para que pongan el pie o sus manos sobre lo que desean; que reclamen, proclamen o declaren lo que quiere, y así un sinfín de actitudes de este tipo. Lo único que ha provocado esto es que la gente no creyente sea cada vez más escéptica de la iglesia o, peor aún, que muchos creyentes la abandonen, pues después de realizar estos actos nada pasa. Otros han recurrido a engañar a la gente diciéndole que si pactan o dan cierta cantidad de dinero por aquello que desean, ocurrirá. Hace poco escuchaba una motivación a un pacto para que los hijos llegaran vírgenes al matrimonio; otro, para que dejaran las drogas, y muchas otras cosas. Con respeto le expreso mi opinión: una ofrenda de dinero no tiene más poder que el sacrificio de Jesús en la Cruz, la oración y la labor de crianza de los padres. Recordemos lo que la Biblia nos enseña:

"Instruye al niño en su camino, y aun cuando fuere
viejo no se apartará de él".
—Proverbios 22:6

Dios habla de una labor que deben hacer y un ejemplo que deben ser los padres, pero nunca dice: "Da una ofrenda por tu hijo para que cuando sea viejo, no se aparte". Las personas que creen que todo se soluciona con dinero o pactos, están en un gran error, pues esto haría injusto a Dios. En efecto, si esto fuera así, los únicos calificados para estos beneficios serían aquellos que cuentan con dinero para ofrecerlo y así intercambiar bienes por respuestas de Dios.

Es así, como vemos, que Dios preparó el financiamiento de su Hijo en la tierra desde antes de su nacimiento, pues ya había instruido a la gente para que lo hiciera.

Después de observar esto, ¿por qué piensa que la situación puede ser diferente con usted? El tema entonces, a mi manera de ver, no es si Dios quiere o no darle, porque creo absolutamente que lo quiere hacer. La situación es si usted está preparado para recibirlo.

¿DÓNDE ESTÁ SU TESORO?

"Porque donde esté vuestro tesoro, allí estará también vuestro corazón".

—Mateo 6:21

Dios nunca estará en contra de las riquezas. El verdadero problema radica en el lugar que éstas tienen en la vida, es decir, qué tan importantes son, en qué medida mi vida depende de ellas, qué tanta dedicación y esfuerzo por adquirirlas entrego y hasta dónde soy capaz de llegar por poseerlas. El gran error ha sido creer que Dios está en contra de la abundancia de finanzas. En efecto, si así fuera, ¿qué haríamos con Salomón, con Abraham, Isaac, Jacob, José, David, quienes fueron hombres con un gran poder financiero cada uno en su época?

Por esa razón es prioritario saber cuál es el corazón de Dios en el asunto de las finanzas; pero permítame regresar por un momento a la historia de Salomón, el rey del capítulo anterior.

Dice la Biblia que una mujer, conocida como la reina de Sabá o la reina del Sur, viajó 2575 Km (1600 millas) en camello para escuchar y hacer preguntas a Salomón. Esta distancia, en nuestros días, sería algo así como un viaje en avión de tres horas y treinta minutos; básicamente estamos hablando de ir desde Miami hasta Canadá o hasta Colombia. La pregunta entonces sería: ¿Usted se iría a alguno de estos destinos en camello? Ahora bien, ¿haría ese tremendo viaje para escuchar las palabras de un hombre? Además, no sólo implicaba tomar el tiempo de tan pesado viaje, sino ir cargando una gran cantidad de regalos. En efecto, la Palabra no afirma que la reina trajo cosas devaluadas o baratas a Salomón, sino que se equipó de todo un caudal de presentes para el rey.

> "Y dio al rey ciento veinte talentos de oro, y gran cantidad de especias aromáticas, y piedras preciosas: nunca hubo tales especias aromáticas como los que dio la reina de Sabá al rey Salomón".
>
> —2 Crónicas 9:9

ME PAREZCO AL DIOS QUE ADORO

La reina de Sabá le regaló a Salomón 3700 kilos (8140 lbs.) de oro, pero no lo hizo porque tal vez le sobraba, sino por una razón fundamental.

> "Oyendo la reina de Sabá la fama de Salomón, vino a Jerusalén con un séquito muy grande, con camellos cargados de especias aromáticas, oro en abundancia, y piedras preciosas, para probar a Salomón con preguntas difíciles. Y luego que vino a Salomón, habló con él todo lo que en su corazón tenía. Pero Salomón le respondió a todas sus preguntas: y nada hubo que Salomón no le contestase".
>
> —2 Crónicas 9:1–2

La reina quedó deslumbrada con la sabiduría de Salomón y reflexionaba sobre cuán dichosos eran sus súbditos que podían escuchar las palabras del rey todos los días. Ella estaba impactada por el esplendor del templo y las vestiduras de los sirvientes de Salomón, a tal punto que, incluso, cuando vio todas esas cosas ella dijo: "Veo que tu Dios es grande". Esto quiere decir que pudo ver la grandeza del Dios al que adoraba Salomón, conforme con lo que él demostraba que su Dios le había entregado.

Recordemos que ella llegó con grandes presentes, entre ellos 3700 kilos (8140 lbs.) de oro y una gran cantidad de perfumes que jamás volvieron a ser vistos en Jerusalén. Si traemos esta ofrenda de oro al día de hoy, estaríamos hablando de unos 200 millones de dólares. Esto demuestra que ella no les puso límites a sus regalos después de escuchar palabras que muy seguramente transformaron su vida para siempre. Esto ocurre cuando hay una revelación de parte de Dios; ciertamente nunca tendremos lo suficiente como para pagar una palabra de este tipo, porque su instrucción no es sólo para contentar mi vida, sino para transformar mis generaciones.

MI HONRA TRAERÁ BENDICIÓN

La reina de Sabá entendió delante de quién se encontraba; aprendió a honrar a aquel que portaba la sabiduría, algo que en estos tiempos se ha perdido, pues hoy no se respeta la autoridad que nos da un direccionamiento, sino que se menosprecia tanto el consejo como a su portador. En la actualidad, cuando miramos a los grandes mandatarios en reuniones gubernamentales, podemos observar cuánto protocolo y formalidad se derrocha; hay presentes de un lado y del otro, etiqueta en todos los sentidos, lo que se hace comúnmente para mantener buenas relaciones. ¿Cuánto más debería ser la honra cuando nos dirigimos ante la presencia de nuestro Padre o ante una de sus autoridades? La reina de Sabá lo entendió.

"Y el rey Salomón dio a la reina de Sabá todo lo que ella quiso y le pidió, más de lo que ella había traído al rey. Después ella se volvió y se fue a su tierra con sus siervos".

—2 Crónicas 9:12

Con este suceso Salomón quería darnos una gran enseñanza. Él le demostró a la reina su grandeza y le enseñó que, aunque ella lo había honrado, él no necesitaba de sus ofrendas para ser quien era; así pues, le quería decir con su actitud: "El Dios que yo tengo es mucho más grande que todo aquello que alguien me pueda ofrecer. Por eso, lo que me das, te lo devuelvo y con intereses".

Para nosotros la enseñanza es similar. Cada vez que yo me acerco a honrar a Dios con una ofrenda, lo que Dios va a terminar haciendo es entregarme mucho más de lo que yo he podido dar, pues Él es más grande que yo. Sin embargo, es preciso entender que no puedo comprar nada de Él, ya que lo más hermoso que Dios me ha dado fue la vida de su Hijo Jesús, por la cual soy reconciliado, restaurado y salvado; y no hay dinero para comprar lo que Él hizo.

UNO MÁS GRANDE ENTRE USTEDES

Veamos por un momento una declaración de Jesús respecto a este evento.

"La reina del Sur se levantará en el juicio con esta generación, y la condenará; porque ella vino de los fines de la tierra para oír la sabiduría de Salomón, y he aquí más que Salomón en este lugar".

—Mateo 12:42

Jesús les habla a los religiosos respecto a la reina de Sabá, indicándoles que ella vino de los confines de la tierra con el propósito específico de escuchar el consejo sabio de Salomón. No fue un viaje fácil, pues tuvo que incomodarse y pasar tal vez, por adversidades. Pero aquellos que estaban allí con Jesús no tuvieron que desplazarse, no se incomodaron; por el contrario, Él fue quien vino a ellos y aun así, no tenían la revelación de quién era al que estaban escuchando, es decir, al "Salvador del mundo". Hoy esa palabra aplica igualmente para nosotros, porque reunión tras reunión, oportunidad tras oportunidad, día tras día, alguien más grande que Salomón viene y habla a nuestro corazón, instruye nuestro camino y da dirección a nuestra vida; se trata del Espíritu Santo. Sin embargo, muchas veces la gente está en su congregación, pero es como si estuvieran en cualquier otro lugar, con afanes porque termine la reunión pronto, o pendientes de sus celulares e, incluso, se salen en un momento cumbre cuando Dios va a hablar a sus corazones solo por contestar una llamada.

Él siempre está dispuesto a acompañarnos, guiarnos y ayudarnos, pero, ¿con qué conciencia estamos viniendo delante de Él? Que nuestra actitud no sea como la de las personas de la época de Jesús, que se perdieron conocer al Salvador del mundo por no honrar su Presencia y su Palabra.

Mayor la nuestra que la de Salomón

"Y por el vestido, ¿por qué os afanáis? Considerad los lirios del campo, cómo crecen: no trabajan ni hilan. Pero os digo, que ni aun Salomón con toda su gloria se vistió así como uno de ellos".

—Mateo 6:28–29

Note lo que Jesús dice: "Ni aun Salomón con toda su gloria"; esto quiere decir que para que Jesús afirmara que Salomón tenía gloria, es porque la atmósfera en que este se movía era algo sobrenatural. Incluso con toda esta gloria, los lirios tenían un resplandor mucho mayor que el rey. Lo que Jesús trataba de demostrar era la grandeza de nuestro Padre en el asunto de su provisión y poder para darnos todo cuanto necesitamos. Significa que si Salomón, con toda esa gloria, no pudo tener el resplandor de los lirios, cuánto más nosotros que somos sus hijos y portadores de su gloria.

Lamentablemente hoy día es más fácil recurrir a cualquier otro libro sobre superación personal, llaves de éxito y prosperidad efectiva, antes de meditar en la Biblia. No estoy en contra de ser instruido. Todo lo contrario, sé que el conocimiento borra la ignorancia. Sin embargo, ¿a cuántos en estos últimos tiempos les ha resultado más fácil comprar y leer la biografía de Steve Jobs, hombre de grandes logros, antes que leer y aplicar las enseñanzas del libro de los Proverbios? Leen muchas cosas interesantes e informativas; no obstante, lo único que tiene el poder de transformar una vida es la Palabra de Dios, porque ella está impregnada de la vida de Dios; es su soplo, su voluntad y su propósito para nuestras vidas.

¿ESTAMOS PREPARADOS PARA ESA CITA?

"Y aquella noche apareció Dios a Salomón y le dijo: Pídeme lo que quieras que yo te dé".

—2 Crónicas 1:7

Una noche se le apareció Alguien a Salomón; no era un rey más quien estaba delante de él, tampoco era su padre David. Se trataba del Rey del Universo, el Dios todopoderoso, quien le dijo: "Pídeme lo que quieras". Note que no lo estaba condicionando o limitando. Por el contrario, le dio libertad de pedirle todo cuanto a él le pareciera. Se trata de un episodio que hemos visto de una manera sencilla y fácil. Sin embargo, póngase a pensar si el protagonista de esta historia no fuera Salomón, sino usted o yo. Probablemente pediríamos cosas diferentes. ¿Está usted preparado para un momento tan sobrenatural como éste?

Desde aquí comenzamos a darnos cuenta de que Salomón era diferente. Él no tenía el corazón egoísta ni materialista de muchas personas. Fíjese que habla conforme a lo que Dios había dicho de él. Dejó a un lado sus planes, deseos y sueños, por encaminarse en el sueño que Dios había hablado sobre él.

Dios es fiel a su Palabra

"Confírmese pues, ahora, oh Jehová Dios, Tu palabra dada a David mi padre, porque Tú me has puesto por rey sobre un pueblo numeroso como el polvo de la tierra".

—2 Crónicas 1:9

Salomón actuó impulsado por una palabra profética de parte de Dios y no por un deseo de su corazón. El Señor le había indicado a David lo que iba a hacer por medio de Salomón, quien entendió que Dios se mueve por la Palabra y no por la necesidad. Hagámonos una pregunta: ¿Acaso sabemos hoy lo que Dios ha hablado de nosotros? En efecto, conforme a esto Él se moverá en nuestras vidas.

¿Tenemos las coordenadas exactas de la ruta trazada por Dios que nos llevará adonde Él quiere que estemos?

Entonces note que para Salomón no era cuestión de dinero poder gobernar y tener contento al pueblo, porque la economía va y viene. Hay personas que pueden acumular riquezas de una manera rápida; otros, tal vez, de una forma más lenta, pero al final se llega a la siguiente cuestión: ¿Qué debe existir en mí para que, al llegar a ese nivel, la situación y el orgullo no me dominen?

¿MI PUEBLO O TU PUEBLO?

Salomón tenía clara cuál era su falencia. Conocía su verdadera necesidad para cumplir con el propósito que Dios había descargado sobre su vida. Fue sincero, primero consigo mismo, pues no se fio de sus capacidades o habilidades, sino que se postró delante de Dios para, de la misma manera, ser levantado por Él. Muchas veces esa no es nuestra condición, sino que camuflamos nuestra debilidad y flaqueza pensando que engañamos a la gente y a Dios. Sin embargo, los que más se afectan con esto somos directamente nosotros, pues creemos que nuestra habilidad en algo es suficiente para llegar a realizar algo tan trascendental, como el propósito de Dios.

> "Dame ahora sabiduría y ciencia, para presentarme delante de este pueblo; porque ¿quién podrá gobernar a este tu pueblo tan grande?"
>
> —2 Crónicas 1:10

La petición de Salomón fue sabiduría y conocimiento para administrar algo que no le pertenecía a él. ¿Sí leyó bien? Él sabía que este pueblo era grande y que, aunque era el rey, el pueblo no era suyo, sino de Dios. Comprendió que dirigir un pueblo en el poder humano tal vez no sería difícil; igual, desde pequeño estuvo en un palacio viendo a su padre hacerlo. Sin embargo, este era un proyecto de Dios, no humano. ¿Acaso alguna vez usted ha tomado el pago de su trabajo y le ha pedido al Señor: "Ayúdame a administrar éste dinero que es tuyo", o por el contrario, su léxico es el de alguien egoísta que pide dirección por su dinero, su empresa, sus ganancias y sus posesiones, creyendo que es por sus atributos que hay dinero en sus bolsillos y provisión en su casa?

Recuerde la actitud de Salomón: "Éste, tu pueblo". A pesar de que él era el rey, reconoció que lo que estaba por encima de su corona era el Poder de Dios. Él tenía muy claro que si no era con la ayuda de Dios, era imposible asumir un reto de este nivel.

> "Y dijo Dios a Salomón: por cuanto hubo esto en tu corazón, y no pediste riquezas, bienes o gloria, ni la vida de los que te quieren mal, ni pediste muchos días, sino que has pedido para ti sabiduría y ciencia para gobernar a mi pueblo, sobre el cual te he puesto por rey, sabiduría y ciencia te son dadas; y también te daré riquezas, bienes y gloria, como nunca tuvieron los reyes que han sido antes de ti, ni tendrán los que vengan después de ti".
>
> —2 Crónicas 1:11–12

Observe esta frase: "Ni tuvieron ni tendrán los que vengan después de ti". Por eso podemos decir que Salomón fue el hombre más rico que jamás ha existido.

El secreto de la riqueza de Salomón

El secreto de su riqueza no estaba basado en un acto, un método o un esquema creado por hombre alguno. No se basó en una ofrenda que le hubiera dolido, como dicen hoy día, ni mucho menos porque hubiera llevado dinero de manera sobreabundante. No. Su secreto se debió a algo muy sencillo, como suelen ser las cosas con Dios: "Hazme cada vez más como tú. Dame sabiduría y conocimiento".

Esto es algo que nosotros necesitamos, no solamente para comprender la Palabra, sino para conducirnos en cada aspecto de nuestra vida, sabiduría y conocimiento.

Estudiemos un poco qué fue lo que Salomón le pidió a Dios en lugar de poder y dinero:

Sabiduría. Es la traducción usual de la voz hebrea *khama* que, aunque tiene varios significados, presenta sentidos intensamente prácticos, como todo el pensamiento hebreo; en efecto, significa *destreza técnica* (Éx 31:3, 6; Ez 27:8), *aptitud en artes o sagacidad en los negocios* (Job 12:2, 12), *habilidad en asuntos seculares* (Ez 27:8, 9), *discernimiento para aconsejar* (2 S 13:3), *prudencia para gobernar* (1 R 3:28; 4:29–34), *cordura en la vida diaria y decisiones éticas*. Consiste básicamente en aplicar bien lo que uno sabe a lo que uno hace, a fin de lograr un buen vivir. Deriva en ocasiones de la tradición de los padres y se desarrolla por la enseñanza (especialmente de la ley de Dios) o por la experiencia. También puede obtenerse como un don especial de Dios.

Ciencia o *conocimiento*. Todo conocimiento pedagógico se contrasta con el conocimiento de Dios. El conocimiento de Dios es infinito (Sal 147:5) e íntimo. Jehová conoce los nombres (Éx 33:12; Sal 91:14), los pensamientos (Job 21:27; Sal 44:21; 94:11), los caminos (Job 23:10) y las actividades del hombre (Sal 139:2; Is 66:18). Mientras el hombre persigue el conocimiento (Pr 2:3–5; 3:13; 4:5; 23:23), debe reconocer que todo su conocimiento es incompleto (Ec 8:7; 9:12; 11:5; Is 59:8; Mi 4:12) y puede ser vano (Is 44:25).

Esto quiere decir que el conocimiento de Dios me lleva a actuar como Él actúa, a ser como Él y, ante la toma de decisiones, antes de llegar a proceder de una manera racional y humana, a poder preguntarnos: ¿Qué haría Jesús en mi lugar?, ¿cómo procedería Él en medio de esta situación? Le aseguro que esto nos llevará a conocer qué es lo que mueve el corazón del Padre y cómo debo proceder para alegrarlo a Él.

Aunque fue un hombre millonario que obtuvo victorias, Salomón también sufrió derrotas y fracasos. Todo esto le permitió tener conclusiones en su vida que quedaron plasmadas en la Palabra, no como una parte más de la historia bíblica, sino como un testimonio, una ruta demarcada, un camino trazado para nosotros el día de hoy.

Un acceso único

Quiero darle la mejor noticia que usted pueda leer en medio de estas letras: tenemos acceso ahora mismo a alguien mucho mayor que Salomón, tenemos acceso a la vida de Jesús en nosotros por medio del Espíritu Santo.

> "Mas el Consolador, el Espíritu Santo, a quien el Padre enviará en mi nombre, Él os enseñará todas las cosas y os recordará todo lo que yo os he dicho".
>
> —Juan 14:26

EL SECRETO DE SALOMÓN

Es Él quien nos trae a memoria todo cuanto Jesús desea que apliquemos en nuestra vida diaria; nos revelará la voluntad del Padre y nos llevará a caminar en el propósito trazado desde la eternidad para cada uno de nosotros. Recuerde que Dios jamás improvisa, sino que tiene un plan perfecto, mejor que el de cualquier arquitecto para nuestro presente y futuro.

Permítame cerrar este capítulo realizando una oración a la que espero que se una:

> *Padre, hay épocas en que sentimos que entramos en un cuarto totalmente oscuro, a territorios completamente desconocidos. Por eso hoy venimos a pedirte que nos alumbres con tu luz, la luz de tu Espíritu, que nos hablará y nos instruirá. Espíritu Santo, ven y hazte real, para que en nosotros opere la sabiduría, el discernimiento correcto y la capacidad de decisión.*

3

CÓMO OBTENER SABIDURÍA

E N EL CAPÍTULO anterior estuvimos conociendo muchos de los logros y números que manejó Salomón en su vida, su imperio y finanzas. De alguna forma, podemos decir que ese fue el final de la vida del rey, pero ¿cómo empezó todo? Deseo que en este capítulo veamos lo que era importante para este hombre. Se sorprenderá al conocer cuál fue su intención inicial. Veamos lo que la Biblia nos dice:

> "Y aquella noche apareció Dios a Salomón y le dijo:
> Pídeme lo que quieras que yo te dé".
>
> —1 Crónicas 1:7

Esta es una cita que siempre me ha llamado la atención. Resulta impactante que Dios se le aparezca a un hombre y le diga: "Pídeme lo que quieras". Es necesario entender que no es cualquier persona la que se le aparece a Salomón; ¡es Dios mismo! No sé si usted se ha cuestionado: ¿Qué le pediría a Dios si se me apareciera y me hiciera la misma pregunta? Avancemos.

> "Dame ahora sabiduría y ciencia, para presentarme delante de este pueblo; porque, ¿quién podrá gobernar a este tu pueblo tan grande? Y dijo Dios a Salomón: 'Por cuanto hubo esto en tu corazón, y no pediste riquezas, bienes o gloria, ni la vida de los que te quieren mal, ni pediste muchos días, sino que has pedido para ti sabiduría y ciencia para gobernar a mi pueblo, sobre el cual te he puesto por rey".
>
> —2 Crónicas 1:10–11

El fin de Salomón fue la riqueza y la gloria, pero todo comenzó con este encuentro que acabamos de leer y esta singular petición a Dios. Estas dos situaciones determinaron una dramática transformación de su vida. Algo importante para comprender en este análisis es que con Dios el tema no son las finanzas. Él desea confiarnos cosas aún mayores, pero nuestro acercamiento al tema del dinero es un síntoma de medición de la condición de nuestro corazón. Por lo tanto, esta situación determinará en gran parte nuestro futuro.

Creo que es importante que entendamos la bendición que tenemos por poder tener acceso a la historia de Salomón. En efecto, sería necio de nuestra parte no escuchar el consejo de alguien que con los hechos muestra lo que Dios hizo en sus finanzas. Creo que lo primero que debemos resaltar es el hecho de que él no pidió las cosas que comúnmente cualquiera pediría. Creo que esta es una base para que nuestras oraciones cambien; no significa que a un Papá como el nuestro le moleste que le pidamos cosas económicas, sino que al ver esta porción de la Palabra, parece que hubiera una manera diferente de adquirir las finanzas que vienen de parte de Dios. Empezamos con una enseñanza importante; de alguna manera podemos pensar que Dios dice: "Para qué te voy a dar riquezas si no tienes sabiduría". Lo primero sin lo segundo lo llevará a la perdición, como ha sucedido con muchas personas, pues resultan despilfarrando por no saber cómo administrar, ni mucho menos cómo gobernar. Lo más factible es que sea a la inversa, de modo que las riquezas terminen gobernando a la persona.

Entonces, ¿tiene Dios problema con darnos riquezas financieras? Por supuesto que no. Me gusta mucho ver documentales en televisión. En una oportunidad vi uno que se trataba de la vida de algunos jugadores profesionales de fútbol americano, béisbol y baloncesto en los

Estados Unidos. El común denominador de estas personas eran las cifras elevadas de dinero de sus contrataciones. Cada uno de ellos había firmado por millones de dólares al año con sus equipos, a lo que se sumaban los patrocinios de famosas marcas deportivas que los habían llevado a ser multimillonarios instantáneamente. Lo más interesante del documental era el final de estos hombres: en promedio, de dos a cinco años después de su retiro, el 78%* de ellos estaba quebrado. Si tal vez nosotros tuviéramos la oportunidad de ganar esas cifras, muy seguramente no sólo viviríamos muy bien nosotros, sino nuestros hijos y hasta nuestros nietos. ¿Por qué lo podemos asegurar? Conocemos principios de Dios para poder hacerlo. Él nos puede dar la sabiduría y hacernos buenos mayordomos. Ciertamente, lo primero que hicieron los deportistas del documental después de firmar sus contratos fue comprar cosas ostentosas, por ejemplo tres o cuatro carros al año, relojes, joyas, residencias de lujo para ellos y algunos familiares, ropa de diseñador y todo tipo de "juguetes". Cada uno de ellos se autoprogramó para un nivel de gastos mensuales que posiblemente no era ni siquiera lo que sus padres habían ganado en toda su vida laboral. Al final, lo triste es que algunos de ellos inclusive terminaron en la cárcel o en quiebra total. La conclusión del documental era que todos tenían el mismo síndrome: derrochadores compulsivos, pues nunca tuvieron sabiduría para administrar.

¿CUÁL ES LA DIFERENCIA?

El problema no está en obtener riquezas, sino en la manera en que éstas se administran. Un caso parecido sucede con

---

* Estadística tomada de la revista "Sports Illustrated", 23 de marzo de 2009.

las personas que se ganan la lotería: aproximadamente el 70%* de ellos quedan de nuevo en la ruina pocos años después de ganarla, en muchos casos sin familia ni amigos ya que son los primeros que se pierden debido a la tensión que se genera en su relación con los nuevos ricos. Así que debemos estar muy atentos a la petición que hizo Salomón. Veamos qué es el conocimiento y qué es la sabiduría.

Para nosotros conocimiento es información que se puede adquirir de múltiples maneras. Por ejemplo, lo que estamos haciendo en este momento es recibiendo información; también se podría recibir por un documental, un buen libro o una enseñanza escuchada; cuando se va a la universidad o se presta atención a alguien que tiene algo que enseñar, todo esto es información y conocimiento. ¿Acaso hay algo malo en esto? Todo depende de la fuente y la aplicación que se le da, por eso hay personas que tienen mucho ingenio, pero para la maldad. El conocimiento se puede utilizar de diversas maneras. La mayor fuente de conocimiento es la Palabra de Dios que por sí sola no tiene ningún efecto sino es implementada en nuestra vida.

> "Lo que realmente importa es que cada día seas más sabio y que aumentes tus conocimientos, aunque tengas que vender todo lo que poseas".
> —Proverbios 4:7

La sabiduría, por su parte, es una habilidad que se desarrolla con la aplicación del conocimiento adquirido; este conjunto nos lleva a tener un mayor entendimiento para avanzar y llegar a conclusiones que nos permiten poseer un perfecto entendimiento para distinguir entre lo bueno y

---

* Estadística tomada de un estudio hecho por la Escuela de Derecho de la Vanderbilt University, 2010.

lo malo. Así pues, para obtener sabiduría tenemos que llegar a conclusiones, a tomar decisiones, para saber qué se recibe y qué no. Así que existe una gran diferencia entre el conocimiento y la sabiduría.

No es de extrañarnos encontrar personas con mucho conocimiento, pero muy poca sabiduría. Sin embargo, nunca se encontrará a un sabio que no tenga conocimiento. Así que se puede llegar a tener conocimiento sin sabiduría, pero jamás sabiduría sin conocimiento. Es la misma fórmula que Dios desea que opere en nosotros respecto a las finanzas.

El poder de la sabiduría

"Bienaventurado el hombre que halla la sabiduría, y que obtiene la inteligencia; porque su ganancia es mejor que la ganancia de la plata, y sus frutos más que el oro fino. Más preciosa es que las piedras preciosas; y todo lo que puedes desear, no se puede comparar a ella. Largura de días está en su mano derecha; en su izquierda, riquezas y honra. Sus caminos son caminos deleitosos, y todas sus veredas paz. Ella es árbol de vida a los que de ella echan mano, y bienaventurados son los que la retienen".

—Proverbios 3:13–18

Aquí podemos encontrar nueve puntos fundamentales que Salomón nos entrega en esta porción de la Palabra del poder de la sabiduría.

La sabiduría es más provechosa que la plata

Esto significa que aunque el dinero es importante, tiene mucho más valor una idea que Dios nos pueda dar. Cuando tenemos esta conciencia, podemos encontrar una idea para ser millonarios. Quizás haya escuchado hablar de los Pillow Pet (la almohada mascota). Todo empezó con un niño que tenía la costumbre de dormir con un muñeco pequeño que le habían regalado. Él lo utilizaba como almohada. Su mamá, entonces, tuvo la idea de crear una almohada en forma de mascota. La idea fue tan fuerte que en los primeros años vendieron alrededor de trescientos mil dólares en mascotas y para el año 2010 sus ventas ya ascendían a siete millones de dólares. Entonces sí estamos a una idea de adquirir lo que nunca hemos tenido. Sin embargo, ¿de dónde provienen? Efectivamente, de la sabiduría.

Produce mayor ganancia que el oro

Muchas personas han tomado la decisión de hacer sus inversiones en oro, pues creen que es mucho más confiable que cualquier negocio o acción en la bolsa. Hasta ahora no he conocido a nadie que maneje los montos que el rey administraba, como lo mencionamos anteriormente; y es preciso recordar que no eran cifras en gramos, sino en toneladas. Sin embargo, llegó a afirmar que más que todo esto, lo mejor era la sabiduría. Esto no lo afirma alguien que solo tuvo dinero, sino una persona que vivió en la sabiduría e impactó a todos aquellos que tuvieron contacto con él.

Tiene más valor que las piedras preciosas

A mi esposa le gustan los diamantes; bueno, creo que a toda mujer, realmente. Ciertamente, muchas de ellas sueñan con un hermoso anillo o un bello pendiente de brillantes. Salomón, que tuvo grandes tesoros de piedras preciosas, nos dice que para él la sabiduría era más preciosa que una esmeralda, un diamante o cualquier piedra que pueda tener el valor más alto. La reina de Sabá le trajo múltiples obsequios que, si se reunieran en su totalidad, darían una cifra extraordinaria. No obstante, para el rey eso no tenía el valor que poseía la sabiduría.

No se puede comparar con nada terrenal

Esto lo afirmó porque la sabiduría es algo que proviene de Dios. Por eso, Él le dijo a Salomón: "Por cuanto me has pedido sabiduría y no riquezas, estas también te las concedo" (paráfrasis de 2 Cr. 1:11–12). Por esa razón, puso al hombre como sello de la creación. Ningún animal es superior en sabiduría al hombre, así que este es un regalo de Dios.

Nos ofrece larga vida

La sabiduría nos preserva, ya que con ella podemos tener una excelente salud, cuidar nuestro cuerpo y mente. Además, ella nos evitará entrar en problemas y circunstancias adversas. De esta manera, aprovecharemos el tiempo y seremos más productivos.

Nos da honor y riquezas

Existen muchas personas que tienen riquezas, pero no honor. Sin embargo, cuando la abundancia viene de parte de Dios, trae consigo honor. Hay personas con mucho dinero de dudosa procedencia, por lo tanto, sin honor. Se trata de gente poco confiable y rechazada por su condición. ¡Qué hermoso es cuando se es una persona de fiar, cuando ante la gente hay un buen testimonio y confianza plena, no sólo para negociar, sino para ser ejemplo de los demás! Eso sí es honor y riquezas.

Como resultado da una vida placentera

Cuando se produce una riqueza que viene acompañada de honor y sabiduría, por supuesto que nos permite disfrutarla y vivir placenteramente en ella, pues de qué sirve tener dinero si no se puede vivir en paz y mucho menos deleitarse con él.

Lleva por caminos de paz
La sabiduría nos conduce por rutas en donde estaremos en tranquilidad, así que dormiremos tranquilos y estaremos en paz con todos.

Es el árbol de vida
Este es un punto que más adelante explicaré, debido a que es una revelación clara de quién es nuestra sabiduría.

EL TEMOR DE JEHOVÁ

Yo creo que algo que principalmente observamos en cada uno de estos versículos es la similitud entre las finanzas y la sabiduría, así que si de ella depende la adquisición del dinero y las ideas de Dios, ¿de dónde entonces la podemos adquirir?

"El temor de Jehová es el principio de la sabiduría, y el conocimiento del Santísimo es la inteligencia".
—Proverbios 9:10

Cuando la Palabra habla de temor, no es sinónimo de miedo. Vamos a descubrir de qué clase de temor nos habla Salomón.

"Aconteció después, que él iba a la ciudad que se llama Naín, e iban con él muchos de sus discípulos, y una gran multitud. Cuando llegó cerca de la puerta de la ciudad, he aquí que llevaban a enterrar a un difunto, hijo único de su madre, la cual era viuda; y había con ella mucha gente de la ciudad. Y cuando el Señor la vio, se compadeció de ella, y le dijo: 'No llores'. Y acercándose, tocó el féretro; y los que lo llevaban se detuvieron. Y dijo: 'Joven, a ti te digo, levántate'. Entonces se incorporó el que había muerto, y comenzó a hablar. Y lo dio a su madre. Y todos tuvieron miedo, y glorificaban a Dios, diciendo: Un gran profeta se ha levantado entre nosotros; y: Dios ha visitado a su pueblo".

—Lucas 7:11–16

El temor de que nos habla la Palabra es el poder comprender y dimensionar para magnificar a Aquél con quien estoy tratando. No estoy hablando de un pensador famoso, de un filósofo o un gran estudioso que me habla de superación personal, sino de Aquél cuya voluntad, cuando opera, tiene el poder de interrumpir la muerte, porque en Él está el poder de la vida. El temor es la capacidad de entender que Aquel con quien trato es soberano y sobrenatural. Es una honra y un respeto soberano por Dios que nada tiene que ver con el miedo que ejercía un padre maltratador. Es tener la conciencia clara de que Dios es todopoderoso y que debido a eso nuestras vidas, actos, palabras, procedimientos, actitudes y andanzas, tienen que estar sometidas a esa presencia de Dios. Es el reconocimiento de quién es Él en la tierra. Es permitir que cada cosa que hagamos sea juzgada por la aprobación de Dios. Así que, el temor y el miedo son dos cosas completamente diferentes.

"La iniquidad del impío me dice al corazón: no hay temor de Dios delante de sus ojos".

—Salmo 36:1

EL SECRETO DE SALOMÓN

Hay gran cantidad de personas que viven una vida de pecado y no tienen temor de Dios. Es gente desproporcionada en su forma de vivir y actuar. Por eso Salomón nos dice que si queremos riquezas, antes debe venir la sabiduría; pero previamente está el conocimiento, aunque primero que todo se debe vivir en el temor del Señor, con un corazón inclinado a Él.

¿DÓNDE PUEDO ENCONTRAR LA SABIDURÍA?

Hay tres fuentes donde podemos descubrir este hermoso tesoro:

1. Padres temerosos de Dios que enseñen este principio

"Oíd, hijos, la enseñanza de un padre, y estad atentos, para que conozcáis cordura. Porque os doy buena enseñanza. No desamparéis mi ley. Porque yo también fui hijo de mi padre, delicado y único delante de mi madre. Y él me enseñaba, y me decía: Retenga tu corazón mis razones. Guarda mis mandamientos, y vivirás. Adquiere sabiduría, adquiere inteligencia. No te olvides ni te apartes de las razones de mi boca. No la dejes, y ella te guardará. Ámala, y te conservará. Sabiduría ante todo; adquiere sabiduría; y sobre todas tus posesiones adquiere inteligencia. Engrandécela, y ella te engrandecerá. Ella te honrará, cuando tú la hayas abrazado. Adorno de gracia dará a tu cabeza; Corona de hermosura te entregará. Oye, hijo mío, y recibe mis razones, y se te multiplicarán años de vida. Por el camino de la sabiduría te he encaminado, y por veredas derechas te he hecho andar.

Cuando anduvieres, no se estrecharán tus pasos, y si corrieres, no tropezarás. Retén el consejo, no lo dejes; guárdalo, porque eso es tu vida".

—Proverbios 4:1–13

Todo esto empezó cuando Salomón era pequeño, cuando su padre lo instruyó para caminar de esta manera. Esto quiere decir que en todas estas palabras a quien encontramos es a David, el padre de Salomón; él es quien habla, aconseja y lo direcciona. Tal vez todas las noches, antes de ir a la cama, David le enseñaba principios a su hijo, que incluso, ya adulto, quedaron en su alma y espíritu. Por esta razón no hay que tener reservas para instruir a un niño, sin importar cuán pequeño sea, ya que usted no le va a hablar tan sólo a su mente, sino a su espíritu. Pero además el texto dice que todo el día estaba este consejo en sus oídos.

"Venid, hijos, oídme; el temor de Jehová os enseñaré".

—Salmo 34:11

El mundo está necesitado de padres que hagan eso, que enseñen a temer al Señor, pero ocurre que a veces los hijos conocen más la Biblia que el mismo padre.

"En el temor de Jehová está la fuerte confianza; y esperanza tendrán sus hijos".

—Proverbios 14:26

El temor del Señor tiene tal poder que logra aquello que nosotros no podremos hacer en su totalidad: cuidar la vida de nuestros hijos.

EL SECRETO DE SALOMÓN

2. Las autoridades espirituales

"E hizo lo recto ante los ojos de Jehová, conforme a todas las cosas que había hecho Amasías, su padre. Y persistió en buscar a Dios en los días de Zacarías, entendido en visiones de Dios; y en estos días que buscó a Jehová, él le prosperó".

—2 Crónicas 26:4–5

El padre de Uzías había muerto, pero un sacerdote llamado Zacarías imprimió en él los principios de Dios y el temor a su nombre. Esa es una de las funciones de las autoridades: "enseñar a vivir conforme a los principios y verdades de la Palabra". Sin embargo, al final es la persona quien determina querer caminar en la voluntad de Dios. Padres, discipuladores, mentores y autoridades espirituales tienen la capacidad de ejercer enseñanza sobre cada persona asignada por Dios.

3. Conocer a Jesús

"Los proverbios de Salomón, hijo de David, rey de Israel, para entender sabiduría y doctrina, para conocer razones prudentes, para recibir el consejo de prudencia, justicia, juicio y equidad; para dar sagacidad a los simples, y a los jóvenes inteligencia y cordura. Oirá el sabio, y aumentará el saber, y el entendido adquirirá consejo, para entender proverbio y declaración, palabras de sabios, y sus dichos profundos. El principio de la sabiduría es el temor de Jehová; los insensatos desprecian la sabiduría y la enseñanza".

—Proverbios 1:1–7

Todo empieza en el temor del Señor, porque Salomón recibió la instrucción de su padre, aumentó su conocimiento, caminó en la sabiduría y adquirió ganancias y riquezas; sin embargo, él no solo aplicó esto para su vida, sino que por medio de estas palabras nos dejó a nosotros un testamento, en que se dan indicaciones, una a una, de cómo lo había logrado.

"Mas para los llamados, así judíos como griegos, Cristo poder de Dios, y sabiduría de Dios".

—1 Corintios 1:24

Acá claramente se afirma que Cristo es la sabiduría de Dios; además, hay que recordar que Salomón dijo que con la sabiduría adquiriríamos el árbol de vida; y ¿quién es el Árbol de vida?: "Jesús". Esto quiere decir que la sabiduría siempre nos va a conducir a Cristo. Podemos profundizar en todo cuanto dijo Salomón, pero al final hallaremos que todo nos conducirá a un hombre que tiempo después estaría caminando sobre la tierra, que estuvo enseñando y compartiendo para conocerlo y a amarlo, y que nos dejó su legado en cada una de sus parábolas. En efecto, al final de eso se trata todo cuanto hacemos. En ningún otro lugar lo vamos a encontrar, por eso el apóstol Pablo dijo que Él es el poder y la sabiduría de Dios.

La gente comúnmente se enfoca en el fin, o sea, en todo cuanto obtuvo Salomón: "sus riquezas, el tener". Otros están mes a mes enfocados en las necesidades y responsabilidades que deben cumplir. Sin embargo, no es esto con lo que quiero terminar; es más que eso; es algo que no tiene que ver con un nivel social, ni con el monto que haya en un banco: está relacionado con el resultado que Dios siempre ha querido que se efectúe en nuestra vida. En efecto, Él nos quiere llevar a entender que si lo buscamos, si descubrimos lo que hay en su corazón, entonces Él nos dará el conocimiento y la sabiduría, y nos capacitará de una manera especial para podemos generar y sobreabundar. Pero comúnmente estamos más esperanzados y comprometidos con un trabajo; otros, incluso con más de uno, tratando de encontrar resultados a como dé lugar. Sin embargo, lo que Dios está esperando es que nos dejemos guiar por sus diseños.

Buscarlo y conocerlo nos va a llevar a tener una plena identidad espiritual y a depositar en nuestro interior sus ideas, que son las que en realidad producen cambios. Por esa razón, uno de los valores que usted debe poner a funcionar es el emprendimiento, tanto en los negocios como en el ministerio. Él desea equiparlo y fortalecerlo para tener éxito en cada área. Ciertamente, es muy triste ver a personas que dicen amar a Jesús, pero cuyas vidas económicas están quebradas. Yo soy de los que cree que la sangre de Jesús también tocó las finanzas. Sin embargo, quienes han estado mal enfocados han sido precisamente aquellos que dicen amarlo, pero que no lo conocen. Por eso cuando hablan del evangelio de la prosperidad, sólo están hablando de un resultado, pero el interés de Jesús es que busquemos primeramente su reino y su justicia perfecta, así que todo lo demás va a ser añadido.

Por favor, no se enfoque en las añadiduras, sino en buscar al Rey, en encontrar su sabiduría, en temerle, para que podamos disfrutar a plenitud las riquezas y la honra que Dios desea darnos. El enfoque no es que todos seamos millonarios, que no está mal si todos lo llegamos a lograr, pero sí que vivamos en la plenitud de su provisión.

Tal vez hoy tendrá que preguntarse: "¿Qué debo cambiar con esto que Dios me está diciendo? Quizás su mismo sistema de creencias; con esto me refiero a todo aquello a lo que se ha acostumbrado por años: "conceptos contrarios a la Palabra".

"El que practica el pecado es del diablo; porque el diablo peca desde el principio. Para esto apareció el Hijo de Dios, para deshacer las obras del diablo".

—1 Juan 3:8

Padre, en este día he recibido tu Palabra, tu instrucción, y lo primero que deseo hacer es renunciar a todo concepto que pudo haber sido establecido en mi vida por medio de mis padres, de la iglesia y de la cultura. Este día yo renuncio a todo voto de pobreza, de ruina, de escasez. Declaro que soy tu hijo y que tienes para mí planes de bendición y no de calamidad. En este día yo recibo y abrazo el diseño que tú tienes para mí. Coloca cada día en nosotros sed y hambre por conocerte, de modo que haya en nosotros temor por ti en nuestro corazón. Ayúdanos a ser diligentes y a ser padres y mentores para las presentes y futuras generaciones, para cortar todo aquello que venía del pasado. Que haya el deseo en cada persona por buscar dirección de ti. Que todos tengamos el deseo de buscar la profunda revelación de la Palabra, que haya en nosotros el anhelo de indagar y conocer más de ti. Gracias Señor, por cada palabra de este libro; que traiga la verdadera instrucción y que el dinero tenga la posición correcta que debe ocupar, para que seamos dadores alegres.

Bendecimos tu nombre, en Cristo Jesús. Amén.

4

EL ADN DE LA RIQUEZA

CADA PERSONA TIENE una opinión diversa con respecto al tema del dinero y la Biblia. Como es lógico, ese punto de vista está afectado por su experiencia individual con la iglesia. Es lamentable, pero debemos reconocerlo: han existido grandes abusos con el tema de las donaciones, los pactos, las ofrendas y la siembra. Aunque personalmente creo en todos ellos, me parece triste escuchar los maltratos que personas han experimentado por sus autoridades y la manipulación que se les ha hecho. Por esta razón, han perdido su inocencia y deseo de honrar a Dios con sus finanzas; en algunos casos, incluso, su mente se ha llegado a calcinar tanto que las palabras "iglesia" o "pastor" son sinónimos de dinero.

DANDO POR GRATITUD NO POR PRESIÓN

El abuso usualmente lleva al desuso; por esta razón, se hace necesario conocer el diseño de Dios para que caminemos de una manera saludable en el manejo de las finanzas. Cuando estoy en mi congregación y observo a las personas que van por primera vez, puedo notar en sus rostros la angustia por saber en qué momento les van a pedir dinero, cuándo los motivarán a realizar un pacto o los persuadirán para que den todo cuanto traen. La buena noticia para ellos es que Dios me habló claramente y me dio la orden de que en nuestra congregación no exigiéramos el diezmo y las ofrendas; esto quiere decir que en nuestras reuniones no hay un momento dedicado a pedir dinero. De hecho, tenemos un sitio donde las personas que desean voluntariamente donar pueden depositar diezmos y ofrendas. Usted se preguntará, ¿pero acaso no dice que no piden diezmos y ofrendas? El hecho de que no los pidamos en un momento determinado de la reunión no significa que no crea en ellos. Yo considero que los diezmos son una señal del señorío de Cristo y que las ofrendas son una oportunidad de expresar mi gratitud hacia el Dios que me ha dado todo. Sin embargo, no estoy de acuerdo con la manipulación que se ha construido en cuanto al tema y cómo se obliga a la gente a hacerlo.

Tengo algo muy claro: si la obra es de Dios, Él será quien se encargue de sostenerla y lo hará así la gente dé o no dé. A veces el amor de un pastor se ve determinado por cuánto la gente entrega a la iglesia. Yo, por mi parte, enseño los principios y cómo su aplicación traerá bendición a la vida de la gente. Si dan o no es una cuestión de ellos y su comunión con Dios; yo solo oriento y explico lo que la Palabra del Señor dice en este aspecto. Durante el tiempo en que he podido servirle a Dios en el ministerio, he encontrado diferentes posturas y puntos de apreciación en cuanto a las finanzas.

CADA MÉTODO ES UNA MODA

Por ejemplo, quiero compartir con usted una posición que se tenía cuando yo era menor edad: "El dinero es del diablo" o "mientras más pobre, más espiritual". Luego de esto vino la corriente de la prosperidad en donde el lema señalaba que usted debía sobreabundar en dinero; de lo contrario, había algo incorrecto en su vida. Otra corriente muy usada consistía en reclamar las cosas, imponer las manos, pararse encima de lo que se deseaba, y toda una variedad de maniobras. Recuerdo mucho algo que escuché de un predicador algún tiempo atrás: "Iba yo conduciendo mi auto y de repente vi una casa hermosa, la casa de mis sueños, y le dije a Dios: 'Esta es la casa que yo me merezco'. Sentí una voz que me dijo: 'Sí, márcala, es tuya'. Así que me bajé y comencé a orinar la casa para marcarla". Si esto se lo dijo Dios, yo no soy quién para señalarlo, pero lo que sí puedo afirmar es que uno no puede pretender enseñar sus experiencias personales como si fueran una doctrina, ya que las actitudes de un líder determinarán la conducta de las personas que lo siguen.

LOS CONSEJOS DE SALOMÓN

Por esto, es preciso y saludable que conozcamos lo que dice la Palabra respecto a las finanzas. Esta es la razón por la que deseo continuar hablando del rey Salomón, un hombre cuyo potencial económico y manera exorbitante en que Dios le multiplicó sus recursos económicos hemos conocido. Estudiaremos nueve secretos que quedaron guardados en la Palabra para que hoy el Espíritu Santo los revele a nuestro corazón. Dios los dejó allí con el objetivo preciso de que nosotros conozcamos la riqueza y la abundancia en nuestras vidas. Creo que es un tema que no sólo le interesa a usted, sino que será atesorado por las generaciones por venir. No son consejos de alguien que pasó por necesidades, sino de alguien que, por el contrario, prosperó de una manera extraordinaria.

Empecemos.

5

PRIMER CONSEJO: LA PEREZA TRAE POBREZA

"Perezoso, ¿hasta cuándo has de dormir? ¿Cuándo te levantarás de tu sueño? Un poco de sueño, un poco de dormitar, y cruzar por un poco las manos para reposo; as vendrá tu necesidad como caminante, y tu pobreza como hombre armado".
—PROVERBIOS 6:9–11

UNA PERSONA PEREZOSA puede invertir cuatro, cinco o más horas frente a un televisor viendo deportes o películas, pero no está dispuesto a invertir ese mismo tiempo en capacitarse, leer un libro, realizar un trabajo extra o reparar algo que está averiado desde hace meses en su casa. Para mí es incomprensible escuchar que una persona ha vivido quince o veinte años en los Estados Unidos, y no habla inglés. ¿Cuántos trabajos bien remunerados ha perdido? ¿Cuántas oportunidades habrá perdido por no tener la disciplina de prepararse y realizar un esfuerzo extra en las noches para aprender un segundo idioma o mejorar el idioma oficial del país en el cual vive?

Cuando era pequeño, sufrí una situación muy incómoda en mi país. Un día mis padres me enviaron al colegio con el dinero para realizar el pago de la mensualidad de mi educación. En el camino un par de hombres armados me detuvieron y me robaron el dinero que llevaba para pagar el colegio. Recuerdo como si fuera hoy la sensación de miedo e impotencia que tuve en ese momento. Estos dos hombres simplemente tomaron lo que era mío y se lo llevaron usando un cuchillo. ¿Por qué le cuento esto? Porque Salomón nos dice que si en nosotros existe una condición de pereza, la pobreza vendrá a atacarnos como un hombre armado. Si ha tenido la mala fortuna de vivir una desagradable experiencia como la que yo tuve, podrá comprenderme mucho mejor. La pobreza tiene el poder de atacar como un ladrón y un bandido.

En este primer consejo quiero dirigirme inicialmente a los solteros. Es preciso analizar con quién se va a casar, valorar ante todo si esta persona es o no perezosa, porque de ello dependerá su futuro financiero. Este es un consejo para las mujeres: no se casen por interés, pero tampoco con alguien que no tenga nada. ¿Por qué? Porque una persona que ha logrado algo es un buen indicio de diligencia y responsabilidad. En efecto, para adquirir aquello, debió primero invertir tiempo y dedicación.

En el Antiguo Testamento, la palabra *perezoso* corresponde al término hebreo *"atsel"* que significa: *indolente, ocioso, perezoso.* Esto quiere decir que cuando una persona cae en la pereza, en cierta manera cae en la indolencia, en la indiferencia. En el Nuevo Testamento la palabra perezoso es *"oknerós"* que significa *indolente, impuntual, insoportable.* Todo esto evoca alguien que tiene poca disposición para hacer algo que requiere esfuerzo o constituye una obligación, especialmente para trabajar.

LOS QUE PROCRASTINAN

Es preocupante encontrarse con personas con toda una vida por delante, pero con una actitud de negativismo y pereza. Ellos deberían estar experimentando niveles diferentes en sus vidas, pero su condición de conformismo los ha sumido en la pobreza. Son aquellos que siempre tienen una excusa para no realizar y concluir las cosas; siempre tienen planes que no se concretan y proyectos que nunca se materializan. Su condición constante es procrastinar. La procrastinación es la postergación o posposición, es la acción o hábito de postergar actividades o situaciones que deben atenderse, sustituyéndolas por otras más irrelevantes o agradables para aquellos que evaden sus responsabilidades.

Para estas personas, las oportunidades en sus vidas pueden pasar por el frente de ellos, pero no tienen la capacidad de darse cuenta, porque su mentalidad está cegada y limitada. No obstante, se quejan delante de Dios y en sus oraciones piden al Padre una oportunidad para ser prosperados. Dios no tiene problema con abrir puertas. El verdadero problema está en ellos que no se levantan a conquistarlas y poseerlas. Salomón dice que quien así se conduce terminará en la pobreza.

"El perezoso mete su mano en el plato, y ni aun a su boca la llevará".

—Proverbios 19:24

Incluso hasta para su mismo sustento el perezoso no toma una actitud apropiada. Muchas veces este comportamiento tiene como raíz la casa, cuando una persona no ha sido instruida por sus padres para ser eficientes y productivos. En un futuro se viven estas consecuencias. En efecto, un gran error de parte de los padres es pensar que amar a un hijo significa no permitirle hacer nada, darle todo cuanto pida y concederle todos sus deseos; con esta conducta, evitan que ellos den el valor a las cosas y propician que piensen que en la vida todo llega sin ningún esfuerzo.

Ahora bien, entendamos que esta no es solamente una actitud física, sino mental. Por eso, hay personas que se quejan de que Dios no ha sido bueno con ellos y que por esto no les salen las cosas bien; sin embargo, no es así. La razón de ello radica en que nunca han intentado esforzarse por hacer algo. Otros, a su vez, pasan su tiempo solamente orando. ¿Acaso existe algo malo en orar? No, pero tampoco es bueno convertir la oración en una trinchera donde se esconden los cobardes, sino que es una herramienta desde donde se proyectan los valientes.

"Entonces Jehová dijo a Moisés: ¿Por qué clamas a mí? Di a los hijos de Israel que marchen".

—Éxodo 14:15

Dios le ordena a Moisés que es hora de marchar, no de orar. Es tiempo de avanzar y conquistar lo que en una promesa le fue entregado. No se puede reemplazar la acción con la oración, como tampoco es sabio actuar sin orar. En esta oportunidad Dios es claro: marchen, avancen y conquisten. Sin embargo, muchas veces para el perezoso es más fácil encerrarse a orar que levantarse en el poder de aquel a quien dice orar e ir a poseer lo que desde la eternidad le fue entregado.

Nuestro mayor ejemplo siempre será Jesús y en él vemos claramente que la pereza no estaba presente, su vida estuvo enmarcada por tantas y tantas acciones que es imposible negar el gran nivel de trabajo, constancia, esfuerzo físico y dedicación que tuvo, veamos algunos ejemplos:

Jesús recorría grandes distancias caminado:

> Jesús recorría todas las ciudades y las aldeas, y enseñaba en las sinagogas de ellos, predicaba el evangelio del reino y sanaba toda enfermedad y toda dolencia del pueblo.
>
> —Mateo 9:35, rvc

Jesús dedicaba muchas horas para ministrar sanidad y liberación, solo una persona que hace este tipo de actividad le puede asegurar el nivel de cansancio y esfuerzo que toma llevarlo a cabo.

Y sanó a muchos que estaban enfermos de diversas enfermedades, y echó fuera muchos demonios; y no dejaba hablar a los demonios, porque le conocían.

—Marcos 1:34

La persona perezosa no se levanta temprano y mucho menos sale de la cama para orar y tampoco va a un lugar apartado para hacer, nuestro Señor lo hacia.

Levantándose muy de mañana, siendo aún muy oscuro, salió, y se fue a un lugar desierto, y allí oraba.

—Marcos 1:35

Es evidente que Jesús no trabajaba de nueve a cinco ni tenía un trabajo de medio tiempo, por el contrario como lo vemos aun cuando llegaba la noche continuaba ministrando y sanado a los necesitados de su toque.

"Al ponerse el sol, todos los que tenían enfermos de diversas enfermedades los traían a él; y él poniendo las manos sobre cada uno de ellos, los sanaba".

—Lucas 4:40

Al extenderse la fama de Jesús hubiese sido más fácil, si en él existieran visos de pereza pensar; si necesitan ser sanados ó si la gente quiere que les predique que vengan y mi escuchen. Esta no fue su actitud, él fue a predicar, a sanar, a liberar y a demostrar que el reino de los cielos se había acercado.

"Pero él les dijo: 'También es necesario que yo anuncie en otras ciudades las buenas noticias del reino de Dios, porque para esto yo he sido enviado".

—Lucas 4:43, RVC

Cuando usted no tiene tiempo ni para comer no es precisamente por ser perezoso, esto sucede cuando está ocupado trabajando, Jesús y su equipo de trabajo carecían de tiempo por estar realizando la obra que el Padre había enviado a realizar.

Y El les dijo: Venid, apartaos de los demás a un lugar solitario y descansad un poco. (Porque había muchos que iban y venían, y ellos no tenían tiempo ni siquiera para comer.)

—Marcos 6:31, LBLA

Para finalizar con los ejemplos de la vida de nuestro Señor, que impresionante declaración realiza Jesús al decirle al Padre: he cumplido la misión, hice lo que me mandaste a hacer, no fui perezoso, terminé, no me quedó nada por hacer, puedo regresar a ti.

"Yo te glorifiqué en la tierra, habiendo terminado la obra que me diste que hiciera".

—Juan 17:4, LBLA

La pereza es una condición que le hará invisible ante personas que le puedan bendecir. Los empresarios, los jefes, las personas que toman decisiones no se van a fijar en la gente que no tiene iniciativa o que deje que el tiempo pase sin ningún tipo de remordimiento por su desperdicio.

Tome las decisiones necesarias este día para sacar la pereza de su vida, pida perdón a Dios e invite al Espíritu Santo para que le ayude a incorporar hábitos nuevos en su vida, que el fruto del Espíritu crezca y se manifieste en su vida.

6

SEGUNDO CONSEJO: EL QUE AMA EL SUEÑO ES IMPRODUCTIVO

"No ames el sueño, para que no te empobrezcas;
abre tus ojos, y te saciarás de pan".
—PROVERBIOS 20:13

SALOMÓN NO SE está refiriendo al sueño normal que es consecuencia del cansancio producido por el trabajo y las ocupaciones, sino ese sueño desequilibrado y desordenado en horas en las cuales se debe estar produciendo y siendo efectivos. El consejo habla de aquellos que aman el dormir. Repito: no se refiere a aquellos descansos que necesitamos en determinado momento para reponer nuestras fuerzas, de modo que podamos cumplir con nuestras responsabilidades y retos; se refiere a aquellas personas que duermen más de la cuenta y que en cualquier oportunidad que tienen buscan la manera de dormitar y tener una actitud de somnolencia.

Hay muchos sueños en la mente de las personas, pero para que un sueño se realice es necesario estar despiertos, pues no ha existido sueño que se materialice estando durmiendo.

LOS CIENTÍFICOS Y EL SUEÑO

El mayor estudio de la historia sobre esta cuestión, realizado durante seis años con más de un millón de adultos de 30 a 102 años, aunque no ha dicho la última palabra, no obstante ha revelado que quienes duermen entre seis y siete horas disfrutan de una tasa de mortalidad más baja. El estudio, publicado en la revista *Archives of General Psychiatry,* ha confirmado, además, algo que ya se sabía por trabajos previos: que las personas que duermen ocho horas o más por noche, o bien menos de cuatro, tienen una tasa de mortalidad significativamente más elevada que quienes duermen una media de entre seis y siete horas diarias.

Las personas que duermen más de 9 horas al día experimentan un declive cognitivo mucho más veloz que aquellas que sólo lo hacen durante un periodo de seis a ocho horas diarias, según se desprende de un estudio que acaba de publicar la revista *Journal of Psychiatric Research*. La investigación se basa en un análisis realizado durante tres años con más de mil personas que, al sumar el tiempo de descanso nocturno y la siesta, dormían al menos 9 horas cada día.

Tras estudiar su evolución, los científicos observaron que el deterioro cognitivo en los más dormilones era de 0,2 puntos al año, según el *Mini-Mental State Examination* (MMSE, por sus siglas en inglés). Esta es una prueba práctica que permite establecer el grado del estado cognoscitivo del paciente y detectar, de este modo, signos de demencia. En contraste, para quienes dormían las horas recomendadas (menos de 8) el declive en la misma escala era de 0,0 puntos al año.

Por estos datos podemos darnos cuenta de que la ciencia no está lejos de la revelación de la Palabra. Si Dios ordena algo, lo hace porque busca nuestro beneficio. Ciertamente, Él no está en contra de dormir, sino de su exceso. Somos administradores de todo cuanto Dios nos ha entregado y entre todo ello está el tiempo para dormir. Todo lo que no administramos correctamente se nos sale de control, más temprano que tarde terminará dominándonos. Por eso Salomón afirmó que el sueño excesivo nos llevará a la pobreza.

En los años noventa estaba liderando un equipo de ventas en Colombia. Me llamó mucho la atención un vendedor que llegaba sumamente temprano a la oficina: aunque la hora de entrada era a las siete de la mañana, curiosamente este hombre estaba allí alrededor de las seis de la mañana. Así pues, cuando el resto de los vendedores estaban llegando, él ya estaba listo para salir a sus labores. Este esfuerzo se veía reflejado al final del mes, ya que sus cifras eran totalmente diferentes a las del resto del grupo. Un día me acerqué a preguntarle el porqué de este hábito en su vida, a lo que me respondió: "Muy sencillo. Lo que ocurre es que yo quiero llegar antes que mi competencia adonde están mis clientes, por esto salgo temprano a trabajar. Cuando yo estoy dirigiéndome hacia donde mis clientes, ellos apenas están llegando a sus oficinas, así que cuando mi competencia llega donde los clientes su respuesta es que ya me compraron a mí". Suena algo sencillo, pero esta estrategia era muy práctica y efectiva.

Hay diversos dichos populares referentes al madrugar, pero el más popular es quizás: "Al que madruga Dios le ayuda". Este refrán no está tan fuera de proporción; sin embargo, más allá de saber que Dios puede hacer algo a mi favor si me despierto temprano—lo que es cierto—, se encuentra mi actitud ante cada circunstancia de la vida. Dios siempre enviará la provisión, pero al perezoso esto no le será suficiente, pues siempre habrá algo que a este le hace falta para poder lograr conseguir su objetivo.

Tenemos que ser claros: las oportunidades no van a llegar a la cama y, si acaso llegan, la persona que está dormida no se va a enterar de que ellas lo visitaron. Es preciso tener una actitud diferente y entender que las oportunidades existen, pero hay que salir a buscarlas.

Una de las cosas que he tratado de ajustar con el paso del tiempo es la hora de ir a la cama. Durante muchos días me encuentro perdiendo el tiempo en la noche,

EL SECRETO DE SALOMÓN

haciendo cosas poco o nada provechosas. Entonces, a la mañana siguiente, me arrepiento de no haber aprovechado el tiempo de forma correcta. No pretendo con esto establecer un patrón de conducta para todo ser humano, pero una de las cosas que usted debe evaluar es la hora del día en que es más productivo. En efecto, hay personas cuyo pico de productividad es tarde en la noche, mientras que otros se levantan a las cuatro o cinco de la mañana, de modo que antes del medio día ya han logrado tanto como lo que hace una persona que llega a las diez y trabaja hasta las cinco. Otro factor que puede alterar mucho el tema del sueño es el tipo de trabajo que usted tiene. En mi caso, la gran mayoría de las actividades son en la noche, razón por la cual se me hace aún más difícil ir a la cama temprano.

El consejo fundamental es: no se pase la vida durmiendo. Hay mucho por hacer, hay gente por alcanzar, hay canciones por escribir, cuadros por pintar, inventos por desarrollar, dinero por ganar y podría seguir enumerando las cosas que están por hacerse en la tierra.

Vivo bajo el principio de que Dios vio un problema en la tierra y creó a alguien para solucionarlo. Por ahora, identifique problemas y gane dinero solucionándolos; pero antes, deje la pereza a un lado.

Jesús es el líder más grandioso que ha existido y su vida es un ejemplo en cada área, no debemos pasar por alto ningún detalle ya que estos nos aseguran que lo que Salomón enseñó fue una realidad en Jesús; en su vida vemos presente la cualidad de empezar el día temprano y no amar el sueño, veamos:

En la vida de oración estaba presente el hábito de levantarse temprano.

"Levantándose muy de mañana, cuando todavía estaba oscuro, salió, y se fue a un lugar solitario, y allí oraba".

—Marcos 1:35, LBLA

Para empezar la nueva temporada de la iglesia en la tierra, Jesús tomó una decisión, me voy a levantar temprano para ir al encuentro de María y anunciar mi resurrección.

"Y después de haber resucitado, muy temprano el primer día de la semana, Jesús se apareció primero a María Magdalena, de la que había echado fuera siete demonios".

—Marcos 16:9, LBLA

Me pregunto si esa mañana María hubiera decidido quedarse en cama porque estaba deprimida o triste por los hechos que había vivido recientemente, ¿lo imagina? Se hubiera perdido el magnífico, grandioso y extraordinario honor de ser el primer ser humano en encontrarse con el Cristo ¡resucitado! ¿Se imagina cuántas oportunidades como esta pierden los que se la pasan durmiendo? Creo que es más frecuente de lo que pensamos, es más, cada domingo Jesús está muy temprano en las congregaciones del mundo listo para presentarse vivo y resucitado a todos los que salgan a buscarle sin embargo muchos se quedan en casa durmiendo.

Fue precisamente por el tema del sueño que Jesús experimento una situación difícil con sus discípulos, en el momento que él necesitaba de su compañía y apoyo, ellos estaban precisamente durmiendo.

"Luego volvió con sus discípulos, y como los encontró durmiendo, le dijo a Pedro: "¿Así que no han podido mantenerse despiertos conmigo ni una hora? Manténganse despiertos, y oren, para que no caigan en tentación. A decir verdad, el espíritu está dispuesto, pero la carne es débil".

—Mateo 26:40–41, rvc

Esta declaración de Jesús nos deja saber que definitivamente existe una condición incorrecta en la carne, es decir en la naturaleza humana, en el cuerpo, que le gusta el sueño y que lucha con la disposición que el espíritu puede tener para levantarse a orar, trabajar y producir.

Ore a Dios pidiendo que le dé la Fortaleza para vencer esta situación pero a la vez tome decisiones, use la alarma, rinda cuentas, pida ayuda a sus seres queridos, no permita que la pereza aparezca en su vida por amar el sueño.

Ningún sueño se convertirá en realidad mientras dormimos.

7

TERCER CONSEJO: EL NEGLIGENTE ESTÁ INCAPACITADO PARA EL ÉXITO

*"La mano negligente empobrece; mas la
mano de los diligentes enriquece".*
—PROVERBIOS 10:4

NEGLIGENCIA. *ES LA omisión, el descuido volun-
tario y consciente en la tarea cotidiana que se
debe desarrollar, o bien la irresponsabilidad en
el ejercicio de la profesión o tarea que se realiza, lo que
fomenta un acto contrario al esperado.* El negligente es
alguien desinteresado en cumplir las metas, una persona
que es inactiva e inoperante.

Una persona negligente es aquella a la cual, por ejemplo, le piden una cotización y el cliente lo tiene que volver
a llamar para que se la envíe; es aquella persona a la cual
hay que pedirle más de una vez que realice una tarea; es
el empleado que constantemente es el último en entregar
los reportes; es una persona a la que le cortan el servicio
de agua o energía por no pagar a tiempo, aunque tenga el
dinero para hacerlo. Un vendedor negligente es aquel cuyo
cliente terminó haciendo un servicio con otra compañía,
pues tras pedírselo, ya no podía esperar más.

Para un jefe o líder es muy frustrante contar con gente negligente en su equipo de trabajo, pues estas personas
son aquellas a los que se les encomienda algo, pero antes
de comenzar a desarrollarlo, ya tienen una actitud de fra-
caso y pesimismo. De alguna forma, el jefe ya sabe cuál
será el resultado al delegarles una función. Créame, como
empleado no tendrá un futuro prometedor, porque seguramente su jefe no desaprovechará la primera oportunidad
para deshacerse de sus servicios.

Por el contrario, qué satisfacción producen colaborado-
res a los cuales no se les debe presionar para obtener los

resultados esperados, sino que sobrepasan las expectativas y terminan cada objetivo con grandeza y superación.

LA BÚSQUEDA DE DIOS

Ahora bien, ¿cuántas cosas le ha ordenado Dios que realice, pero todavía no ha puesto en marcha su ejecución sólo por permitirle un espacio a la negligencia y la pereza? ¿Cuántos de los que están leyendo este libro tienen directrices precisas de Dios para desarrollar algo, pero lastimosamente lo primero que ha venido a sus mentes es el sinnúmero de excusas para no tener la actitud correcta?

El deseo de Dios no es la ruina para su pueblo y la mejor manera para que lo compruebe es mediante el conocimiento de la Palabra. Allí usted no encuentra a ninguno de aquellos hombres que le sirvieron en pobreza; por el contrario, su preocupación no era el dinero, sino su presencia. Esto nos enseña que lo que Dios desea para nosotros son cosas mayores, ya que Él siempre hace las cosas cada vez mejor. Todo se logra con esfuerzo, pero algunos desean que todo les llegue a sus vidas de una manera fácil, comprando un boleto de lotería, esperando una herencia o el negocio que los sacará de la ruina.

> "El indolente ni aun asará lo que ha cazado; pero haber precioso del hombre es la diligencia".
> —Proverbios 12:27

Este verso de la Biblia nos muestra dos tipos de personas diametralmente opuestas. Por un lado, las negligentes que son aquellas que quizás llegan hasta la mitad del camino de un objetivo (si lo inician), pero nunca llegan a concluirlo, ya que se apodera de ellos la pereza y las excusas, de forma tal que son los que están comenzando proyectos y los dejaron sin concluir. Por otro lado, nos habla del diligente y hace una declaración muy importante: la posesión más preciosa del hombre es la "diligencia". Así pues, es preciso entender que, si Dios afirma que esto es lo más precioso que alguien puede tener, deberíamos procurarla con todo nuestro ser.

Existen dos características comunes en los diligentes: la rapidez y la persistencia. En efecto, a ellos no les interesa conocer cuánto tiempo se va a tomar la conclusión de un proyecto; su interés es terminar lo que se demande o se exija. Ellos están dispuestos y atentos, con tal de alcanzar y conquistar lo propuesto. ¡Pero tiene que empezar ya!

Estoy siempre trabajando en mejorar y ser una persona persistente; a pesar de que muchas veces las circunstancias se levantaron en mi contra para que desmayara y me diera por vencido. Por ejemplo, en el proceso de escribir mi primer libro *"Ruta hacia la libertad financiera"*, se me presentó una situación muy curiosa. Cuando estaba por la mitad del libro, mi computador se quemó y perdí gran parte del trabajo. Me desanimé muchísimo, pero igual tenía que comprar un computador nuevo. Así pues, tiempo después continué el proceso del libro, pero al poco tiempo el computador nuevo también se quemó. Sin embargo, esta vez no perdí la información y compré uno nuevo al cual le sucedió exactamente lo mismo.

Al llevar los computadores a la tienda, las personas de servicio al cliente me decían que parecía que un rayo les hubiera caído, ya que el disco duro estaba totalmente destruido. Creo que en este caso había un aspecto espiritual presente, ya que este libro ha traído libertad a miles de personas que han podido convertirse en seres generosos con sus iglesias locales y con estos recursos se les ha predicado a muchas personas que han aceptado a Jesús como su Salvador personal. Más allá de esto, el tema que quiero resaltar acá es que tuve más de una razón para nunca haber escrito el libro; existió mucha oposición y el desánimo quiso apoderarse de mí. No obstante, tan sólo la persistencia permitió que después de casi treinta meses el libro fuera publicado.

En el mundo moderno en el que vivimos hay tantas herramientas que nos pueden ayudar a quebrar la negligencia, que en verdad no hay excusa válida para que esté presente en nuestras vidas. La más sencilla de ellas está en su mano: los teléfonos modernos tienen calendario para que realice anotaciones, ponga recordatorios, haga listados de las cosas por hacer, etc.

Le quiero compartir una estrategia. Establezca prioridades en las tareas que tiene por hacer, clasifíquelas en cuatro categorías teniendo en cuenta si son urgentes, importantes, no urgentes y no importantes. El orden de resolución será entonces bajo el siguiente parámetro:

Urgente - Importante
Urgente - No importante
Importante - No urgente
No importante - No urgente*

*Si tiene la posibilidad, puede delegar estas tareas en otra persona para que las desarrolle.

El momento en el que más se ve demostrada la diligencia en la vida de Jesús creo que es precisamente ante la inminencia de su sufrimiento y muerte, veamos:

"Y sucedió que cuando se cumplían los días de su ascensión, El, con determinación, afirmó su rostro para ir a Jerusalén".

—Lucas 9:51, LBLA

"Entre los que habían ido a la fiesta para adorar había algunos griegos. Éstos se acercaron a Felipe, que era de Betsaida de Galilea, y entre ruegos le dijeron: Señor, quisiéramos ver a Jesús. Felipe fue y se lo dijo a Andrés, y Andrés y Felipe se lo dijeron a Jesús. Jesús les dijo: Ha llegado la hora de que el Hijo del Hombre sea glorificado".

—Juan 12:20–23, RVC

Espero que para este momento se haya dado cuenta que este libro no es una receta de pasos para alcanzar la riqueza sino que más bien es un manual de desarrollo de carácter, un guía para la incorporación de hábitos a su vida que le conducirán a la riqueza, por esa razón es imposible no referirme al mayor ejemplo de carácter, Jesús.

Era una realidad, sus días estaban contados y el lugar de ejecución ya estaba determinado, Jerusalén. Como hombre él tenía la opción de elegir qué hacer, pero debemos entender que para se cumpliera a cabalidad el plan del Padre, el día y la hora de este magno evento ya estaba determinado desde la eternidad, Jesús fue diligente y fue a la hora indicada, al lugar indicado para el encuentro indicado con tal de cumplir los anhelos del Padre, no vemos a un Jesús que dijera: voy a hacerlo la otra semana, que tal si me quedo otro año más viviendo en la tierra, o algo más "simple" como voy a hacerlo mañana. En Jesús vemos una actitud muy diferente, él reconoce, llegó la hora, debo hacerlo, es el momento y por otro lado en primer verso referenciado nos dice que afirmó el rostro, es decir, según el original en griego, se paró firme, se aseguró de hacerlo, se desdió, se fortaleció para hacerlo. Jesús sabía que este asunto era urgente e importante, que no podía ser delegado, que no podía dejarse para después, que todo, literalmente todo estaba en juego en la historia de la humanidad sino se cumplía esta cita.

Por un momento piense en algo descabellado: ¿Imagine si Jesús pierde la cita con la cruz? ¿Qué sería de nosotros, de la humanidad? Gracias Jesús por tu diligencia y no dejar para mañana lo que tenías que hacer ese día.

Qué le parece tomar la decisión e implementar los hábitos que requiera en su vida para dejar de llegar tarde a las citas, para no perder más oportunidades, para hacer las cosas a tiempo, para cumplir con lo que promete, para ser el primero y no el último; si lo hace, sus finanzas empezarán a tener un rumbo diferente.

8

CUARTO CONSEJO: LA ILEGALIDAD ACARREA CONSECUENCIAS

"Pobreza y vergüenza tendrá el que menosprecia el consejo; mas el que guarda la corrección recibirá honra".
—PROVERBIOS 13:18

ESTE CONSEJO ES una orden directa a todos aquellos que deliberadamente desobedecen la Palabra de Dios en lo que ella exige y ordena en cuanto a las finanzas. Por ejemplo, aquellos para los cuales es normal no vivir en integridad en su economía, es decir, los que ven como normal practicar el soborno; aquellos que practican sin ningún pudor el engaño, por ejemplo, para quienes es fácil tener subfacturación en su empresa o negocios, quienes evaden impuestos. Para todos estos casos, la Biblia afirma que la pesa injusta es abominación a Dios. No entiendo por qué algunos tienen el pensamiento de que haciendo cosas ilegales, haciendo trampa y queriendo robar a todo aquel que hace negocios con ellos, la vida les va a sonreír y Dios los va a apoyar en sus ilícitos; y peor aún, que estos actos no van a acarrear consecuencias en su presente y futuro.

La orden de la Palabra es ser legales, pagar lo que se debe, cancelar los impuestos. Pero hay quienes piensan que está bien no pagar impuestos, con la excusa de que el gobierno tiene dinero de sobra y no necesita nuestros aportes; también hay quienes prefieren sólo pagar una parte, pensando que por tratarse de montos pequeños no está tan mal dejar de declararlos. ¿Sabe lo que esto ocasiona? En su empresa o finanzas personales se ha sembrado una semilla de robo, engaño y traición. No se asombre, entonces, si recoge una cosecha multiplicada del mismo género. Una costumbre que tienen las personas faltas de integridad es que en lugar de tener contadores, tiene "magos", es decir, aquellos que aparecen y desaparecen cosas en la contabilidad de sus negocios. Créame: tarde o temprano ese tipo de acciones saldrá a la luz.

Algo que ha sido una constante durante mi vida es ver a muchas personas que caminan en la pobreza por no aceptar la dirección de Dios. Estos mismos vienen en múltiples oportunidades a pedir consejo y les hablamos por la Palabra. Sin embargo, cuando deben tomar determinaciones, hacen lo que creen que es lo correcto y no lo que Dios indicó. Cuando una persona busca un consejo de mi parte, no pretendo que piense que deseo que haga tal cual yo le digo, pues no estoy para eso en la vida de la gente, sino para traer la claridad de la Palabra con referencia a la situación que vive. Pero al final, la persona es la que determina hasta dónde camina o en dónde se detiene. Me he cruzado con algunos que, a veces, sin pedir consejo, saben lo que Dios dice respecto a un asunto, pero deliberadamente proceden y actúan a su gusto. Hay otros que ni siquiera tienen que ir a la Palabra para saber que lo que están realizando es abominable a Dios, pero ellos indiscriminadamente continúan actuando de esta manera. La Biblia es clara: la pobreza vendrá y tomará control de estas personas, y de sus vidas.

No piense, por favor, que yo ya he alcanzado todo en la vida, que soy el más obediente a lo que Dios ordena. Déjeme contarle una anécdota que relato en el libro *"Libertad financiera"*. Años atrás una persona de la iglesia me abordó con el propósito de pedirme que fuera su fiador debido a que por algunas situaciones ocurridas no tenía un buen crédito y necesitaba un carro para transportarse y realizar su trabajo. Desde pequeño mis papás me habían leído la Biblia y de forma especial el libro de Proverbios donde el mismo Salomón nos dice que no debemos salir fiadores de nadie. Sin embargo, hice caso omiso a la Palabra y me comprometí con un banco a favor de un extraño.

> "Ciertamente sufrirá el que sale fiador por un extraño, pero el que odia salir fiador está seguro".
>
> —Proverbios 11:15

Cuando Salomón dice "ciertamente" lo hace porque está bien seguro de lo que va a pasar y ahora yo lo estoy también.

Esta persona que me pidió salir fiador, al pasar unos años, se peleó con el pastor de la iglesia y se desapareció con el carro. Cuando el banco me empezó a llamar para cobrar, yo no tenía ni idea de dónde encontrarlo. Como dice la Biblia, sufrí y la desobediencia me trajo una consecuencia que me costó miles de dólares y dolores de cabeza para saldar esa cuenta. Adicionalmente me retrasó en el camino que habíamos emprendido como familia para lograr la libertad financiera.

No sé si se identifica conmigo y se encuentra en algún área de desobediencia. Le sugiero que se arrepienta, pida perdón y cambie el rumbo. Dios le cubrirá con su gracia, perdonará y alejará la pobreza de su casa.

Infortunadamente tengo muchas historias de personas que han desobedecido lo que Dios dice en su Palabra y, en algunos casos, incluso los he tenido que visitar en la cárcel. Recuerde lo que dice la Biblia.

> "No se engañen: de Dios nadie se burla. Cada uno cosecha lo que siembra. El que siembra para agradar a su naturaleza pecaminosa, de esa misma naturaleza cosechará destrucción; el que siembra para agradar al Espíritu, del Espíritu cosechará vida eterna".
>
> —Gálatas 6:7–8, NVI

Hace poco se cerró un capítulo de mucho dolor y de miles y miles de dólares de gasto para una familia conocida que enfrentó un asunto como este. Uno de los días más esperados para cualquier inmigrante en los Estados Unidos se convirtió en el principio de una pesadilla que duraría varios años. Al presentarse ante el departamento de inmigración esta pareja compuesta por una inmigrante que se había hecho ciudadana de los Estados Unidos y otro inmigrante que ese día iba a la entrevista para que le aprobaran la residencia se encontraron con una muy desagradable sorpresa, el gobierno había llevado a cabo una investigación al proceso con el cual la mujer se había hecho ciudadana muchos años atrás, encontrando una falsificación en uno de los documentos presentados, razón por la cuál el nuevo caso que estaban presentando era fraudulento y causaba que fuera desestimado con severas consecuencias. El hombre que ese día iba a reclamar la residencia permanente, salió esposado hacia una cárcel en la cual tuve la oportunidad de hablar con él y a ella le quitaron el pasaporte que la acreditaba como ciudadana.

Al reunirme con la esposa horas después, llorando me decía que por su afán, inmadurez, falta de conocimiento y fe en Dios muchos años atrás había aceptado una oferta de conseguir un certificado de nacimiento falso de un país que tenía algunos beneficios migratorios especiales con Estados Unidos y de esa forma había obtenido la residencia permanente con la cuál después pudo aplicar para la ciudadanía, me decía: "Yo era una muchacha y ¡no dimensioné las consecuencias!".

Recordemos lo que Jesús dijo:

"Porque no hay nada oculto que no haya de ser manifestado; ni escondido, que no haya de salir a luz".
—Marcos 4:22

Una situación que parecia estar en olvido ya que había pasado casí una decada desde que ocurrió, de un momento a otro salió a luz como la palabra lo dice y el mundo de esta familia quedó patas arriba, una situación tan sencilla como: ¿quien llevaría a los niños a la escuela la mañana siguiente? Ahora era una gran incógnita ya que aun la licencia de conducción le fue cancelada a la madre en tanto la investigación continuaba.

No deseo entrar en más detalles sobre esta historia pero esta familia pasó primeramente muchísimas noches de desvelos, una incertidumbre grandísima durante los siguientes años, llanto, dolor, sufrimiento, sus hijos se vieron afectados, todos al rededor fueron tocados por las consecuencias y ahora a su vocabulario se habían incorporado nuestras palabras: cárcel, deportación, ilegalidad, grillete electrónico de monitoreo, separación y por supuesto cuentas de abogados.

El final de esta historia es bueno por la intervención milagrosa de Dios y el trabajo de abogados especializados que trajeron como consecuencia un peso financiero inimaginable para esta familia, en lugar de destinar todo este dinero para pagar la hipoteca de su casa, comprar una segunda propiedad, pagar la educación de sus hijos, tuvieron que darlo a profesionales que les ayudaron a evitar la cárcel y la deportación.

No quiera ser más listo que Dios o las autoridades, pues tarde o temprano su desobediencia falta de integridad, robo, trampa o engaño saldrá a la luz y no será muy agradable lo que sucederá a su alrededor, este tipo de situaciones le traerá deuda o la misma ruina.

9

QUINTO CONSEJO: EL PELIGRO DE LAS MUCHAS PALABRAS

"En toda labor hay fruto; mas las vanas palabras de los labios empobrecen".
—PROVERBIOS 14:23

"El que guarda su boca, preserva su vida; el que mucho abre sus labios, termina en ruina".
—PROVERBIOS 13:3, LBLA

E S FACTIBLE QUE en esta situación se identifique conmigo: ¿No tiene algún conocido que le ha contado un sinnúmero de proyectos en los que está trabajando, pero está quebrado? Yo creo que todos nos hemos encontrado con personas que hablan y hablan, pero nunca llegan a nada. Este tipo de gente posiblemente tiene mucho conocimiento, buenas ideas, excelentes intenciones, pero no emprenden, ni alcanzan metas y simplemente se quedan en palabras. A estas personas les pasa por delante el tiempo y las oportunidades; entonces, cuando se les pregunta el resultado, por lo que habían dicho que realizarían, siempre tienen una excusa para justificar el porqué no se han materializado. Sin embargo, en verdad es una fachada para cubrir su incompetencia.

Salomón nos deja saber que las muchas palabras y el poco trabajo empobrecen. Es claro: uno de los peores problemas que enfrentan las personas que sólo hablan y no hacen, es que terminan perdiendo la credibilidad ante los demás. En efecto, será muy difícil que se les brinde confianza o que se les tenga fe en cualquier otra cosa que deseen hacer.

Lamentablemente cuando esta persona tenga un proyecto que podría ser el definitivo y clave para cambiar su vida, no va a encontrar quien crea en él ni alguien que invierta en su sueño, pues lo han escuchado prometer tantas cosas en el pasado, que para esta vez no lo tomarán en cuenta. En efecto, la imagen que ha creado es la de alguien poco serio y falto de responsabilidad.

El final de este tipo de personas no es otro que uno lleno de muy buenas intenciones, proyectos y sueños, pero con pobreza. Recuerde que esto lo dice la Palabra. Lo que estoy tratando de hacer es dar claridad y explicar estas recomendaciones.

He conocido a personas muy bellas de Dios, grandes líderes con muchos sueños en sus vidas que, lamentablemente, en su inocencia y buenas motivaciones, han sido llevados en negocios en los que estaban por firmar grandes contratos y recibir enormes transferencias. Sin embargo, por tener como fundamento una ilusión, tomaron decisiones y realizaron presupuestos sobre supuestos. ¿Sabe algo? Un contrato no está firmado hasta que se firma. Conocí a un hombre en Canadá que estaba por cerrar el negocio más grande de su vida. Viajó a Europa para firmarlo y la noche anterior a la firma, su contraparte murió en el hotel. Así pues, no abra su boca antes de tiempo.

Cuando usted es un líder y sus seguidores le escuchan las "buenas" nuevas que anuncia, ellos tomarán decisiones en sus vidas teniendo como fundamento sus palabras. Entienda que no sólo su palabrería afectará a su familia, sino a todos aquellos que lo siguen. Por tanto, de alguna forma esto se convierte en un efecto bola de nieve.

Quiero pedirle un favor: si usted es una persona en posición de liderazgo, sea muy cuidadoso con sus palabras. No realice promesas a la ligera, ni ilusione a sus seguidores porque traerá mucho dolor a esas familias que confían en usted y le siguen.

La Biblia nos dice que es mejor que no prometamos, a que prometamos y no cumplamos, además no son pocos los versículos en los que Dios nos muestra la consecuencia del uso que se le dé a los labios, veamos:

"Lo que salga de tus labios, cuidarás de cumplirlo, tal como voluntariamente has hecho voto al Señor tu Dios, lo cual has prometido con tu boca".
—Deuteronomio 23:23, LBLA

"Tu propia boca, y no yo, te condena, y tus propios labios testifican contra ti".
—Job 15:6, LBLA

"Guarda tu lengua del mal, y tus labios de hablar engaño".
—Salmo 34:13, LBLA

"No quebrantaré mi pacto, ni cambiaré la palabra de mis labios".
—Salmo 89:34, LBLA

"Aparta de ti la boca perversa, y aleja de ti los labios falsos".
—Proverbios 4:24, LBLA

"Los sabios atesoran conocimiento, pero la boca del necio es ruina cercana".
—Proverbios 10:14, LBLA

"Por el fruto de su boca cada cual se saciará de bien, y las obras de las manos del hombre volverán a él".
—Proverbios 12:14, LBLA

"Los labios veraces permanecerán para siempre, pero la lengua mentirosa, sólo por un momento".

—Proverbios 12:19, LBLA

"El malhechor escucha a los labios perversos, el mentiroso presta atención a la lengua detractora".

—Proverbios 17:4, LBLA

"La boca del necio es su ruina, y sus labios una trampa para su alma".

—Proverbios 18:7, LBLA

"Con el fruto de su boca el hombre sacia su vientre, con el producto de sus labios se saciará".

—Proverbios 18:20, LBLA

"Mejor es el pobre que anda en su integridad que el de labios perversos y necio".

—Proverbios 19:1, LBLA

¿Puede comprender que hoy está viviendo lo que declaró en el pasado? Que le parece si refrenamos nuestra boca y tratamos de domesticar nuestra lengua para que solo hable lo necesario y no entremos en vanas palabrerías que solo conducen como Salomón lo dice a la pobreza.

Recuerde:

"El hombre es amo de lo que calla y esclavo de lo que habla".

10

SEXTO CONSEJO: EL DESEO DE LA RIQUEZA RÁPIDA

*"Los pensamientos del diligente ciertamente tienden
a la abundancia; mas todo el que se apresura
alocadamente, de cierto va a la pobreza".*
—PROVERBIOS 21:5

S I TIENE MÁS de 40 años, ¿recuerda cómo le calentaban su tetero? A mí me lo calentaban sumergiéndolo en una olla con agua caliente. En la actualidad no es así: hay una electrodoméstico que ha revolucionado la manera de hacer las cosas en la cocina y que ha cambiado y agilizado cosas, tal como calentar los teteros de los bebés; hablo del horno microondas. Este aparato tiene la particularidad de hacer mucho más rápido y fácil lo que antes era una tarea tediosa. ¿Qué tiene que ver el microondas con Salomón y las finanzas? Pues bien, muchas personas quieren meter sus finanzas en un horno microondas. La gente quiere que todo dé resultados rápidos, sin esfuerzos. Las personas prefieren evitar molestias y, sobre todo, el paso del tiempo.

No es desconocido que aquel que comienza en un negocio ilegal, termina perdiendo todo, incluso su propia vida. Por lo general, la gente busca negocios fáciles y productivos, actividades que requieran menos esfuerzo y máximos ingresos. En Colombia, mi país de origen, hemos tenido que sufrir de primera mano este tipo de comportamiento. En determinado momento de nuestra historia, empezaron a surgir algunos personajes llamados "los nuevos millonarios", gente que en cuestión de pocos meses pasaba de un nivel económico muy bajo a uno muy alto. Los muchachos que antes no tenían ni para una bicicleta, ahora manejaban camionetas 4x4 de lujo; mostraban sus grandes cadenas de oro y ostentaban ropa de marca en las grandes fiestas que organizaban para celebrar su "prosperidad".

El narcotráfico se volvió un medio para alcanzar riqueza rápida y, aunque representaba un alto riesgo, miles estuvieron dispuestos a correrlos con tal de alcanzar los sueños materiales que tenían. Creo no exagerar si digo que hay menos de un 5% de esa gente viva aún y muchos de los que sobrevivieron están en alguna cárcel del mundo.

> "Los bienes que se adquieren de prisa al principio, no serán al final bendecidos".
>
> —Proverbios 20:21

El afán por la riqueza nos puede llevar a cometer errores muy costosos, por ejemplo, vivir en la ilegalidad, en medio de una constante amenaza de muerte, sin poder ver a la familia o con el temor de que algo le suceda. Esta forma de vida no es algo que mucha gente desee, pero por la que algunos optaron.

Esta situación de terminar en pobreza después de haber empezado a enriquecerse tan rápido, no se limita sólo a los negocios ilegales. En efecto, lo mismo ocurre incluso con negocios legales, pero mal administrados, o con personas que no necesariamente hacen cosas fraudulentas o al margen de la ley. Veamos un ejemplo muy claro.

En los Estados Unidos, muchas familias ven que su opción para alcanzar riqueza para sus hijos es entrenarlos desde pequeños y convertirlos en deportistas, con la clara meta de que algún día su hijo o su hija firme un gran contrato profesional y se vuelva famoso. Un porcentaje bajo de estos chicos que nacieron en pobreza absoluta llegará a firmar un contrato profesional y su vida cambiará para siempre. Los que lo logran, casi en un abrir y cerrar de ojos pasan de estar viviendo de subsidios del gobierno a ganar millones de dólares. En una semana pueden ganar más de lo que sus padres ganaron en toda una vida.

Usted fácilmente podría escuchar de contratos de veinte o treinta millones de dólares; a eso hay que aumentar las grandes sumas que devengarán por concepto de patrocinios de marcas. La pregunta interesante es: ¿cómo terminan? Según las estadísticas nacionales y como ya mencioné, el 78% de ellos vuelven al lugar de donde salieron: a la pobreza y escasez. El promedio indica que cinco años después de su retiro, siete de cada diez estará en bancarrota. ¿Qué sucede? La Biblia se cumple. Aunque estas personas hayan entrenado por largos años en su vida, la llegada de grandes sumas de dinero rápidamente los perturba y causa que pierdan la cabeza.

¿Por qué la Biblia dice que lo obtenido de afán no prosperará? Porque no ha sido producto de un arduo trabajo. A su vez, la Biblia tiene una fórmula totalmente diferente. El fruto del trabajo es lo que Dios bendice; desde el principio fue así y así lo será por siempre.

"Las riquezas de vanidad disminuirán; pero el que recoge con mano laboriosa las aumenta".
—Proverbios 13:11

Estamos en un tiempo en que los medios de comunicación y la tecnología aceleran los trámites y desplazamientos. Todo gira en torno a lo instantáneo. Sin embargo, se le ha dado tanto valor a esto que se nos olvida lo que la Palabra dice: debemos ser diligentes, abandonar la pereza, levantarnos de la cama temprano y tener hábitos sanos de trabajo, de tal manera que a la vuelta de unos años se puedan acumular las riquezas que tanto se han deseado. Con las riquezas ocurre algo similar que con la unción que Dios confiere: es adquirida a través del transcurrir de los años de fidelidad. Con esta afirmación no estoy negando el don de Dios que viene sobre cada uno de nosotros. Lo que intento decir es que para ser usado de una manera sobrenatural, debe pasar tiempo, temporadas de dolor, victorias, lágrimas, sonrisas, de oración, de lectura de la Palabra, de ayuno y persistencia. Resulta desconcertante que algunos creen que esto se logra solo porque alguien ore por ellos y coloque las manos sobre sus cabezas. No desconozco lo que sucede cuando se imponen manos; por supuesto, ocurre una transferencia de cosas que Dios nos ha dado. Sin embargo, hay gente que piensa que con esta acción viene sobre ellos el poder de sanidad, la capacidad de predicar con denuedo. De allí ha salido una frase famosa: *"Pastor, me oras"*.

EL TRABAJO ES LA PUERTA A LAS RIQUEZAS

Sería preciso preguntarle a aquellos que han forjado una riqueza y que la han mantenido: ¿Ha sido fácil? Por supuesto, su respuesta será: "No". En efecto, nunca será fácil.

Tengo un familiar que ha llegado a un nivel muy alto en el área de las finanzas. Pero no siempre fue así. Recuerdo cuando manejaba un taxi y tenía que recoger del colegio a sus hijos, uno en el asiento del copiloto y el otro en el piso del auto, para que quedaran asientos libres. Ocupaba un trabajo acá y otro allá, mientras que su esposa trabajaba en otro lugar. Fueron muchos años de persistencia; para ser preciso, pasaron más de veinte años y su situación cambió de una manera sorprendente.

Hay incluso quienes se atreven a decir que, si compran la lotería y se la ganan, diezman de allí. Pero yo siempre me he cuestionado: "Si usted ni siquiera diezma de lo poco que gana en su trabajo, mucho menos lo hará de lo obtenido como premio en una lotería". Muchos afirman que es para ayudar con la obra. No. Dios no necesita de eso para bendecirnos; por el contrario, Él nos impulsa a trabajar y esforzarnos por conseguir nuestras metas.

Cuando observo a las personas de la congregación, me lleno de alegría al ver los negocios que han surgido desde allí; se trata de gente a la cual hemos tenido el privilegio de apoyar para avanzar y conseguir sus logros paso a paso. Por eso, cada vez que tengo la oportunidad, declaro bendición sobre cada uno de ellos. Los veo y los proyecto para que cada día haya incremento y productividad. No olvido cómo algunos de ellos han comenzado en lugares supremamente reducidos, pero Dios ha premiado su diligencia, persistencia y constancia.

NO SÓLO FORME EMPRESA, FORME HEREDEROS

Les estoy hablando de principios y de eso se trata la Biblia, de esto es de lo que ella habla. Existen tantas historias de vida de personas que, aunque tuvieron mucho dinero o tal vez lo heredaron, pero no les costó, terminaron de una manera inapropiada, pues desconocen el esfuerzo que supuso lograrlo. Así pues, despilfarran y malgastan con desenfreno.

Este ha sido un gran error que se ha cometido. En efecto, los padres se dedican a hacer empresa, se esfuerzan, sacrifican y trabajan arduamente, pero en el camino se les olvida formar a sus hijos, sus herederos para que ellos tengan claro cómo se administra, cuánto cuesta, de dónde y hacia dónde va lo que sus padres han forjado. Lo mismo ocurre en el campo ministerial: hay ministros del evangelio que dejaron sus vidas allí. Les costó llegar adonde llegaron, son generales, pero muchas veces no son honrados como debería ser. Tenemos que saber qué era lo que movía el corazón de estos hombres y los catapultó hasta lograr el propósito de Dios, para que todo aquel que viene detrás recoja esas banderas y no sólo lo haga igual, sino mejor. Sería muy triste para un precursor morir pensando: ¿Y ahora quién continuará con este sueño de Dios?

Como segunda generación tenemos la carga de avanzar y conquistar cosas mayores. En efecto, la mejor forma de honrar la memoria de alguien es hacer lo que esa persona hubiera querido conquistar y ser lo que él o ella hubiese querido que fuéramos.

Por esa razón, la Biblia nos impulsa a primero trabajar, luego esforzarnos y después ahorrar, para al final gozar de la riqueza.

"Lo que fácilmente se gana, fácilmente se acaba; ahorra poco a poco, y un día serás rico".

—Proverbios 13:11

11

SÉPTIMO CONSEJO: EVITE LOS VICIOS

*"Hombre necesitado será el que ama el deleite; y el que
ama el vino y los ungüentos no se enriquecerá".*
—PROVERBIOS 21:17

*"Porque el bebedor y el comilón empobrecerán, y
el sueño hará vestir vestidos rotos".*
—PROVERBIOS 23:21

HE CONOCIDO GENTE que después de tener todas las comodidades económicas que se puedan tener, ha quedado en la ruina por culpa de los vicios; otros han entrado en deudas y quiebras por esto mismo. Cuando estaba en un país suramericano, en un seminario de finanzas, de repente se me acercó una mujer llorando, que me despertó mucha tristeza: ella se encontraba destrozada, tan desconsolada que llegué a pensar que tal vez tenía un familiar enfermo o una situación demasiado apremiante. En fin, en un momento se me pasaron por la mente infinidad de circunstancias adversas por las que podría estar atravesando. Sin embargo, quedé desconcertado cuando me dijo: "Mi esposo anoche perdió nuestra casa jugando a los naipes". Quedé sin palabras. Nunca había enfrentado una situación así de dramática. ¿Qué se le puede decir a una mamá que está en una situación como esta? ¿Cómo se puede explicar algo tan catastrófico como esto?

Meses atrás estaba conversando con un nuevo creyente que tenía una situación difícil en su matrimonio. Él me decía: "A mí no me parece algo complicado, pero mi esposa está siempre peleando por este tema". Al preguntarle de qué se trataba, me respondió que a él le gustaba el juego, pero me repitió que no era algo de qué preocuparse y que su esposa exageraba mucho. Después de conversar un rato fue más sincero y reconoció: "Bueno, lo que juego al mes no es mucho: entre seis o siete mil dólares". En mi mente había un montón de pensamientos en ese momento, pero no dejaba de preguntarme: ¿Tan sólo seis o siete mil dólares? Al indagar por el tiempo que venía jugando, me respondió que eran más de dos años. ¿Puede calcularlo? Seis mil por veinticuatro meses. ¡Casi ciento cincuenta mil dólares perdidos en juego!

Las personas que entran en los vicios derrochan grandes cantidades de dinero al mes en cigarrillos, licor y todo aquello que necesitan para satisfacer su desenfreno. Son personas para las cuales no tiene importancia lo que llegue a costar una botella de licor, pero que siempre se van a quejar de lo que deben dar en sus casas o para la obra de Dios. En efecto, cualquier monto de dinero les parece mucho y habrá una excusa para no darlo, pues no tiene como destino satisfacer sus vicios.

Quiero darle a conocer algunas cifras. En los Estados Unidos:

- En el 2016 se vendieron $80 mil millones en billetes de lotería en EE. UU.*
- En el 2016 se vendieron 271 000 000 000 de cigarrillos en EE. UU.**
- Los fumadores consumen un promedio de 6200 cigarrillos al año.***
- La venta anual de licor en EE. UU. es de 219.5 mil millones de dólares.****

---

* Tomado de: www.statista.com
** Be tobacco free, OECD Health Data,Bureau of Labor Statistics, U.S. Department of Health Services, febrero 2016.
*** Be tobacco free, OECD Health Data,Bureau of Labor Statistics, U.S. Department of Health Services, febrero 2016.
**** www.statista.com

- En el 2016 se gastaron 72 mil millones de dólares en juegos de casino.*
- Se calcula que el negocio mundial de narcóticos es de 435 mil millones de dólares al año.**

En los vicios también podemos incluir algunos pasatiempos enfermizos, porque incluso para eso hay que ser sabios. No está mal divertirse, pero a veces esto, sin ser malo, trae pobreza. He escuchado casos en que pregunto el porqué de cierta situación y la respuesta es que el esposo quiso comprar otro costoso caballo. Usted puede disfrutar su vida, pero siendo sabio. Uno de los deseos de Dios es que disfrutemos del fruto de la bendición, pero entendiendo los tiempos de Dios.

"Todo lo hizo hermoso en su tiempo; y ha puesto eternidad en el corazón de ellos, sin que alcance el hombre a entender la obra que ha hecho Dios desde el principio hasta el fin".

—Eclesiastés 3:11

En mi libro *Libertad financiera* al hablar sobre las causas más comunes por las que las personas entran en deuda hago referencia a hecho de no reconocer las temporadas de la vida. Este concepto tiene que ver con el no saber esperar, con el no conocer la gratificación retardada. Tengo un término que desarrollé con el paso de los talleres de finanzas, me gusta llamar a esta generación actual la generación del microondas, porque todo lo quieren ya. Si pasa de los 40 años seguramente recordará como le calentaba su mamá

---

* Rubin Brown Gaming Statistics, 2017.
** The United Nations Office on Drugs and Crime's-Drug Report 2016.

el tetero o botella de leche. Había un procedimiento que en mi país llamaban "baño María", no tengo la mas remota idea de donde surgió este termino ni quién era María, pero el tema es que se ponía una olla con agua en la estufa y después se ponía la botella del bebé dentro de esa olla, este proceso tardaba algunos minutos, las mamás esperaban, los papás esperaban y los bebes esperaban. ¿Qué sucede ahora? Cuando mi hija Marianna era pequeña literalmente estremecía nuestros oídos a gritos, no se cómo ella se enteró que ya existía el microondas y que en 30 o 35 segundos teníamos que entregarle su alimento para que se saciara. Creo que esta situación es un ejemplo claro de lo que sucede en la actualidad, la gente no quiere esperar, no quiere esforzarse, no desean que pasen los años, están buscando ese negocio que en días lo haga millonarios, esa opción que los saque de la ruina. Sabe algo, no creo que exista algo como esto, a menos que se meta en negocios ilegales y ya explicamos en el capítulo anterior las consecuencias de la ilegalidad; no derroche su dinero en lotería, en apuestas, en el juego ni en ninguna otra cosa que le prometa riqueza rápida, la Biblia nos dice todo lo contrario, veamos Proverbios 13:11 en dos versiones diferentes y tomemos decisiones.

"La fortuna obtenida con fraude disminuye, pero el que la recoge con trabajo la aumenta". (LBLA)

"Lo que fácilmente se gana, fácilmente se acaba; ahorra poco a poco, y un día serás rico". (TLA)

12

OCTAVO CONSEJO: EL PECADO OCULTO LLEVA A LA POBREZA

"El que encubre sus pecados no prosperará; mas el que los confiesa y se aparta alcanzará misericordia".
—PROVERBIOS 28:13

EL DESEO DEL enemigo es hundirnos en el pecado para luego exponernos públicamente; eso es lo que lleva a la ruina. Voy a ilustrar este punto con algunos casos. Es posible que recuerde al señor Bernard L. Madoff, un hombre que se hizo famoso mundialmente por ser el creador de la figura del fraude piramidal. Esta modalidad de engaño consiste en que la rentabilidad prometida se paga con el dinero ingresado mediante la entrada de nuevos clientes. España ha sido el país más afectado, después de EE. UU., por este escándalo de fraude piramidal. Además hay una gran cantidad de empresarios y multimillonarios a nivel mundial, lo que habría causado pérdidas de aproximadamente 37 500 millones de euros a clientes. Este hombre mantuvo oculto este sistema durante unos veinte años. Las inversiones eran tan elevadas que no se hablaba de miles, sino de millones. Después de ser descubierto y juzgado, este hombre terminó en la ruina total y fue sentenciado a más de 150 años de prisión; pero lo más lamentable es que hace poco se hizo público que su hijo mayor se suicidó por la presión social que causaron los actos de su padre.

Hay personas que piensan que pueden tener esta clase de actitudes ocultas permanentemente, pero la verdad es que no duran para siempre. El señor Madoff un día se encontraba en su yate y al otro día amaneció en una diminuta celda, con la condena impuesta: "Nunca saldrá de prisión".

Otro lamentable suceso fue el del ciclista estadounidense Lance Armstrong, ganador del Tour de Francia en siete ocasiones. Era un gran deportista, admirado por millones, que posteriormente fue rechazado públicamente por haberse dopado durante todas las competencias en las que había participado. Su caso dejó al descubierto una mafia de sobornos y prácticas antideportivas. Como consecuencia, fue despojado de todos los premios obtenidos, sus patrocinadores cancelaron los contratos y adicionalmente recibió demandas de los afectados. La mayor pregunta es: ¿Y su familia, sus hijos? ¿Qué sentirá un hijo al escuchar los comentarios de sus amigos en la escuela sobre las acciones de su padre? Esta desilusión es peor que la misma pobreza, ya que será muy difícil sanar ese tipo de heridas en el corazón de los familiares.

Tal vez conozcan el caso de Ted Haggard. Él fue hace unos años un reconocido predicador estadounidense, y el expresidente de la National Association of Evangelicals, una de las asociaciones más grandes que representaba unas 45 000 iglesias en los Estados Unidos. Bajo su liderazgo había unos 30 millones de evangélicos. En el 2005, la revista "Time" incluyó a Haggard, como una de las figuras más reconocibles del movimiento evangelista en EE. UU., en su lista de los veinticinco dirigentes evangélicos más influyentes. Un día estaba en el púlpito de su iglesia hablando vehementemente contra el homosexualismo, afirmando que era una práctica repudiada por Dios y antibíblica, pero en la televisión lo estaba observando un hombre al que él había contratado como masajista quien después reveló: ¡Cómo es posible que él esté hablando públicamente en contra del homosexualismo, cuando a mí me ha pagado para tener sexo con él!

La Biblia dice que el pecado oculto lleva a la pobreza. Este hombre perdió la iglesia y por poco a su familia, es decir, a su esposa y a sus cinco hijos. Ella, de una forma sobrenatural, lo perdonó e iniciaron un proceso de restauración.

Estos son sólo algunos casos, cada vez más frecuentes, fuera y dentro de la iglesia, lamentablemente. Le aseguro que si revisa los periódicos de su país en el último año, encontrará varios casos de corrupción, robo, sobornos, manejo indebido de recursos, etc. El más reciente que conozco es el del fenecido expresidente de El Salvador, Francisco Flores, que estaba siendo enjuiciado por malversación de fondos por un monto cercano a los quince millones de dólares.

> "Hagan brillar su luz delante de todos, para que ellos puedan ver las buenas obras de ustedes y alaben al Padre que está en el cielo".
> —Mateo 5:16, NVI

Cada vez me preocupa más y más la fragilidad del liderazgo actual, no es un sorpresa declarar que los líderes íntegros parece que son una especie en peligro de extinción, es preocupante que los logros de los ídolos deportivos de nuestros hijos juntos todo tipo inmoralidades son las nuevas noticias actuales, la corrupción, la deshonestidad y la falsedad.

Creo que no se ha comprendido cual es el final de este tipo de personas, recientemente se han desenmascarado escándalos que no tenían precedentes en la historia del mundo, casos como el de la FIFA, Enrom, Petrobras, WorldCom, PDVSA, Wells Fargo, o los de los gobiernos de Brasil, Argentina, Túnez, Egipto, Ucrania, Venezuela, por citar algunos ejemplos son nuestro nuevo diario vivir, ya no es extraño que el presidente de una nación se vaya a la cárcel o que el ganador de cinco o seis medallas olímpicas salga en fotos teniendo relaciones sexuales con prostitutas a la mañana siguiente de sus conquistas deportivas, que el mejor jugador del mundo de un deporte sea condenado a prisión por evasión de impuestos, que tal actor tiene dos o tres mujeres o que un gran atleta masculino ahora es la mujer del año en un país inmoral. La decadencia moral es la antesala a la catástrofe financiera de una sociedad y la historia es el mejor testigo.

El mundo actual parece un vehículo que no tiene frenos ni dirección y va por un despeñadero, la Iglesia, usted y yo necesitamos dejarle saber a esta generación que sí se pueden hacer negocios lícitos, que no hay necesidad de evadir impuestos, subfacturar, sobornar o utilizar cualquier tipo de falsedad para prosperar, Dios nos promete:

> Observa al que es íntegro, mira al que es recto; porque el hombre de paz tendrá descendencia.
> —Salmo 37:37, LBLA

Es mi deseo y oración que usted nunca tenga que enfrentar a sus hijos para decirles: papá tiene que ir a cárcel, papá engaño a tu mamá con otra mujer o tengo que decirles algo que me produce mucha vergüenza, mamá ha tenido algo oculto. Créame he tenido que estar presente en momentos como estos y sé el dolor y marca imborrable que generan en la vida de los muchachos y cónyugues, pero sobre todo la vergüenza al corazón de Dios.

Vivamos en luz, nuestro Dios es el Padre de las luces y en El no hay nada oculto.

13

NOVENO CONSEJO: LO QUE DOY MUESTRA EL AMOR A DIOS

En los tiempos bíblicos la riqueza se medía por la cantidad de ganado que una persona tenía y por los graneros o almacenes que poseía. Por esta razón, Salomón dice que si queremos garantizar que nuestros graneros estén repletos, es decir, asegurar las riquezas, debemos honrar al Señor con nuestros bienes y con las primicias de todo lo que tengamos. Esta es una manera de demostrarle a Él lo que significa para nosotros.

Quiero comenzar este consejo con una pregunta: ¿Lo que usted le da a Dios demuestra que Él es lo más importante en su vida? Me causa curiosidad encontrar personas que son más generosas con un mesero que con Dios. Me refiero a las personas que dejan muy buenas propinas por un servicio en un restaurante, mientras que el dar para Dios no sólo es escaso, sino nulo. Pareciera que Dios no es merecedor de honra con sus finanzas, a pesar de que Él los ama y ha hecho grandes cosas en sus vidas.

El tema del dar en las iglesias lamentablemente es controversial. Muchas personas han sido maltratadas por la manipulación y abuso de ciertos líderes, pero eso no niega la verdad de la Palabra de Dios. Tiempo atrás aprendí que el abuso no me puede llevar al desuso. Debo responder al pueblo con la verdad de la palabra. El problema más común es que no podemos separar al hombre de la institución. Lo que trato de explicar es que a las personas les hacen daño otras personas de la iglesia, así que se resienten con la iglesia, de modo que por una persona anulan una verdad y un diseño de Dios.

En resumen, la Biblia no cambia porque la gente la utilice mal y en el tema de las finanzas el abuso no invalida la honra a Dios. Soy beneficiario de las promesas de Dios en esta área, pero me llevó tiempo disfrutar de ellas. Principios como los diezmos, las primicias, las ofrendas o la liberación de las deudas son y seguirán siendo válidos, y su efectividad continuará vigente por encima de los comportamientos humanos. El tema es que si no las aceptamos o tomamos la decisión de empezarlas a vivir, no se manifestarán las bendiciones y tendremos áreas en nuestra vida sobre la cual la maldición no habrá sido levantada.

Una de las características más importantes de cualquier ley es ser *abstracta* e *impersonal*. ¿Qué significa esto? Las leyes no se emiten para regular o resolver casos individuales, ni para personas o grupos determinados. Su *impersonalidad* y *abstracción* la conducen a la generalidad. Establece de manera conocida: *"Nadie puede invocar su desconocimiento o ignorancia para dejar de cumplirla"*.

En síntesis, nadie puede decir que no conocía la ley y que por eso la violó, para así ser eximido de responsabilidad. Seamos claros, imagínese que usted está de vacaciones y va conduciendo fuera de la ciudad donde vive. El límite de velocidad en su localidad es de 60 mph (97 Km/h); sin embargo, en el lugar donde usted está conduciendo es de 50 mph (80 Km/h). De repente, lo detiene un policía y lo multa por manejar por encima del límite de velocidad permitido. Le hago una pregunta: ¿Acaso usted puede argumentarle al policía que no conocía que la ley en ese lugar era diferente a la de su ciudad o que el carro que iba al lado suyo iba a la misma velocidad, de modo que logre que le quiten la multa? La respuesta rotunda es ¡no! El policía le dirá que es su obligación cumplir con las leyes del lugar donde está conduciendo y que fue a usted a quien detuvo, no al conductor del otro vehículo. Le aseguro que ese oficial de la ley hará cumplir las normas y no le quitará la infracción.

Concluimos entonces que desconocer la ley o que otros las violen no nos exime de las consecuencias sobre nuestra vida. Usted puede argumentar que en determinado lugar abusaban de la gente con el tema de las finanzas o que conoció el caso de un ministro que robó dinero; sin embargo, le reitero, esas cosas no invalidan la realidad de que se nos hace necesario honrar a Dios con nuestras finanzas.

Salomón nos dice: "Si quieren que les vaya bien financieramente, honren a Dios con sus finanzas". Recuerde que todo este libro está basado en la vida del hombre más rico que ha vivido en el planeta tierra.

Al finalizar los consejos de Salomón, deseo preguntar: ¿desea la riqueza y la abundancia en su vida? Mi anhelo y mucho más el de su Padre celestial, es que hoy tome una decisión y en oración se comprometa a aplicar estos nueve principios en su vida, porque desea avanzar, prosperar y demostrar por medio de su vida la grandeza de Dios. Tome un momento y pregúntele al Espíritu Santo por los ajustes, decisiones o acciones que usted debe implementar en su vida. Medite por un momento y escriba sus conclusiones a continuación.

_____

_____

_____

_____

_____

_____

_____

_____

Lo invito a cerrar este tiempo en oración a nuestro Padre celestial. Es posible que haya encontrado hábitos en su vida que estuvieron presentes en sus antepasados. Recuerde que por medio de la obra de Jesús toda maldición fue rota, pero debe hacerla efectiva en su vida. Aprópiese de la obra de la Cruz y renuncie a toda maldición de ruina, pobreza, quiebra y escasez en su vida y en la de sus futuras generaciones.

"Porque yo sé muy bien los planes que tengo para ustedes, afirma el SEÑOR, planes de bienestar y no de calamidad, a fin de darles un futuro y una esperanza".

—Jeremías 29:11, NVI

14

CONSEJOS PARA ADMINISTRAR LA RIQUEZA

EN ESTE CAPÍTULO vamos a estudiar los principios que nos muestra la Palabra y que Salomón practicó en la administración de sus riquezas. Estos principios funcionan, ya que él no solamente adquirió riquezas, sino que las mantuvo y las dejó como herencia a sus hijos.

"El temor de Jehová es para vida, y con él vivirá lleno de reposo el hombre; no será visitado de mal".

—Proverbios 19:23

Lo primero que debemos tener en cuenta es el temor de Dios para la administración de las finanzas. Si no se cuenta con este carácter, lo que puede ocurrir es que en cualquier momento va a entrar en decisiones y negocios que le van a conducir a no tener un sueño tranquilo y se va a encontrar en problemas. Por eso, antes de entrar en un negocio, así sea el más sencillo, tómese un tiempo prudencial de comunión con Dios para preguntarle cuál ha de ser su voluntad para ese asunto, qué es lo que Él desea que usted haga. Puede preguntarle: ¿Este es un negocio, una actividad que Te honra? ¿Está complacido tu corazón con que yo proceda así?

Según la Palabra, cuando nosotros tomamos en consideración a Dios y tenemos temor de Él, allí hay una promesa preciosa, que conduce a la vida, que permite dormir en paz y evita problemas. ¿Cuántas personas han tenido que pasar noches terribles por tomar decisiones incorrectas? En muchos puntos, la Biblia no tiene necesidad de explicarse, pues lo hace por sí sola. ¿Qué significa tener temor de Dios? La respuesta es sencilla: consultarle en toda decisión y circunstancias de su vida.

"Con ansiedad será afligido el que sale por fiador de
un extraño;
mas el que aborreciere las fianzas vivirá seguro".
—Proverbios 11:15

En este punto yo soy un experto, pues lamentablemente fue mi proceso intensivo. Comúnmente lo explico muy
bien, porque es fundamental.

"El hombre falto de entendimiento presta fianzas,
y sale por fiador en presencia de su amigo".
—Proverbios 17:18

La conclusión de la Biblia es no salir por fiador de
nadie. ¿Sabe la razón por la cual un banco pide un fiador?
Simplemente porque ellos saben que esa persona no tiene
la capacidad de pagar. Esa es la razón fundamental. ¿En
este tema qué sucede? Que algunos de nosotros queremos
ser más buenos que Dios; por eso resultamos metidos en
problemas. La Palabra claramente afirma que si queremos
conservar nuestras finanzas y evitar inconvenientes, no
debemos servir de fiadores.

"Hijo mío, si salieres fiador por tu amigo, si has
empeñado tu palabra a un extraño, te has enlazado
con las palabras de tu boca, y has quedado preso en
los dichos de tus labios.
Haz esto ahora, hijo mío, y líbrate, ya que has caído en la mano de tu prójimo; ve, humíllate, y asegú-
rate de tu amigo".
—Proverbios 6:1–3

Algunos creen que hay excepciones y entonces no lo hacen con los amigos, pero sí con los familiares, tíos, primos, etc., ¿cuál es el inconveniente? En primer lugar, se está desobedeciendo directamente a Dios; en segundo, desde el momento en que usted firmó, ya esa deuda es directamente suya, así que vaya contando con el dinero suficiente para pagar una deuda que no es suya. Así pues, si cree muy poco en este sustento, está en toda libertad de hacerlo.

"El rico se enseñorea de los pobres,
y el que toma prestado es siervo del que presta".

—Proverbios 22:7

Este principio enseña que no se debe involucrar en deudas. ¿Qué es la deuda? Es traer dinero del futuro, que aún no me he ganado, que no poseo, al presente. En efecto, estoy tomando un dinero y lo estoy gastando ahora, o sea estoy comprometiendo mi futuro con mi presente.

Algo que yo le enseño a la gente es que no haga presupuestos con supuestos. Esto significa comprometerse en deudas, pensando en algo que se espera que vendrá, pero que aún no se posee; por ejemplo, una herencia, un negocio a punto de consolidarse.

Salomón nos aconseja no meternos en deudas. La razón es que quien se compromete de esta manera, termina siendo esclavo. Algunas personas me preguntan: "Si no es así, ¿entonces cómo adquiero una casa, un auto o una empresa? Ahorre y aplique los principios de Dios. ¿Cuándo se puede entrar en deuda? Sólo hay un momento y la Biblia lo menciona.

"Una mujer, de las mujeres de los hijos de los profetas, clamó a Eliseo, diciendo: 'Tu siervo mi marido

EL SECRETO DE SALOMÓN

ha muerto; y tú sabes que tu siervo era temeroso de Jehová; y ha venido el acreedor para tomarse dos hijos míos por siervos'. Y Eliseo le dijo: '¿Qué te haré yo? Declárame qué tienes en casa'. Y ella dijo: 'Tu sierva ninguna cosa tiene en casa, sino una vasija de aceite'. Él le dijo: 'Ve y pide para ti vasijas prestadas de todos tus vecinos, vasijas vacías, no pocas. Entra luego, y enciérrate tú y tus hijos; y echa en todas las vasijas, y cuando una esté llena, ponla aparte'. Y se fue la mujer, y cerró la puerta encerrándose ella y sus hijos; y ellos le traían las vasijas, y ella echaba del aceite. Cuando las vasijas estuvieron llenas, dijo a un hijo suyo: 'Tráeme aún otras vasijas'. Y él dijo: 'No hay más vasijas'. Entonces cesó el aceite. Vino ella luego, y lo contó al varón de Dios, el cual dijo: 'Ve y vende el aceite, y paga a tus acreedores; y tú y tus hijos vivid de lo que quede'".

—2 Reyes 4:1–7

Esta mujer estaba atravesando una crisis muy fuerte. Tenía un esposo temeroso de Dios, pero que al morir dejó a su familia con una deuda y expuesta a sus acreedores. Esta es una pregunta para los esposos: ¿Qué están haciendo para generar confianza en el área financiera en su esposa? Usualmente Dios opera de una manera poco convencional. Así pues, cuando el profeta indaga por su situación, su respuesta fue de alguien quebrado, sin esperanzas y en ruina. Pero él ahora pregunta por lo que tenía en su mano, y su respuesta fue de desprecio, minimizando lo que poseía. Siempre tenemos algo en nuestras manos, porque nosotros apreciamos las cosas por su tamaño, no por la capacidad que esto tenga para producir algo. Todo lo pequeño para nosotros resulta siendo todo lo que Dios necesita para manifestarse, porque Él todo lo multiplica.

Después de que ella expresa lo que tiene, el profeta le da la orden: "Ve y pide vasijas *prestadas*"; esto quiere decir que pidiera un préstamo. Sin embargo, ¿por qué ahora sí es válido entrar en deuda? Cuando se entra en una deuda que no sólo me va a permitir pagarla, sino que además me va a generar riqueza, es válido adquirirla.

¿Cuál es el problema que se tiene en este aspecto? Que las personas entran en una deuda de un televisor o un carro, que se deprecian, pues no producen riqueza y en cambio generan un egreso que ni siquiera se puede sostener por sí mismo. Este es un asunto de tener sabiduría para manejarse. Así por ejemplo, si la hipoteca que está a punto de solicitar equivale al monto que invertiría si viviera en renta, tómela porque es una buena opción, pues igual usted va a generar un egreso que no retornará, mientras que en la hipoteca está invirtiendo en algo que será suyo. Otras personas están cancelando una deuda de un monto muy elevado; sin embargo, si vivieran en renta, tal vez tendrían que pagar la mitad.

"El cómplice del ladrón aborrece su propia alma; pues oye la imprecación y no dice nada".
—Proverbios 29:24

Tenga cuidado de con quién se asocia. Se debe ser muy sabio cuando emprenda negocios y cuando se comienzan actividades con personas. Les contaré algo curioso que me sucedió. Un día salí con un amigo a un lugar a hacer unas compras y le mostré una marca de carros; él me dijo que tenía un amigo que los vendía. Pasados unos días, quise ir a mirar el carro, así que lo llamé para que me diera el nombre de su amigo. Sin embargo, él no lo sabía y sólo me hizo una descripción: bajito, un poco obeso, de tal aspecto. Entonces le dije sorprendido: "¡Pero me comentaste que era tu amigo!". Él respondió: "Por supuesto que es mi amigo". "Entonces dame el nombre", le repliqué, y él me contestó: "Ah, no lo sé, pero es mi amigo". ¿Qué significa ser amigo? El amigo es alguien con quien se ha pasado tiempo y además se ha estado en procesos y circunstancias tanto de gozo como de dolor. Por eso, tenga cuidado de a quién llama usted "amigo". Las amistades se prueban y más aún cuando se habla de sociedades para realizar un negocio. El consejo de Salomón es "no asociarse con desconocidos", pues puede llegar a enlazarse con un ladrón, de tal modo que se verán afectadas sus finanzas.

> "Sé diligente en conocer el estado de tus ovejas, y mira con cuidado por tus rebaños. Porque las riquezas no duran para siempre; ¿y será la corona para perpetuas generaciones?".
> —Proverbios 27:23–24

En los tiempos bíblicos la riqueza de alguien se medía mediante el conteo de su ganado, de cuántas ovejas y vacas poseía, no por la tierra, que permanecía estática en momentos de sequía o inundación, mientras que el ganado se podía mover.

Asegurarse de sus ganados y rebaños significa ser cuidadosos con las finanzas y mirarlas claramente. Así, por ejemplo, lo primero que debe realizar es un listado de las deudas totales que tiene, mirar las condiciones de esas deudas, es decir, si el interés es variable, fijo, o es cambiante según la economía. ¿Posee usted un presupuesto?

Este es el tema del que está hablando Salomón. Cuide y asegúrese de cómo están sus finanzas.

Algunas veces les pregunto a las personas cuánto es su ganancia mensual, a lo que me responden cierto monto; luego, cuánto suman sus egresos. Allí está el problema: nunca me dan una cifra exacta, pues no saben en realidad cuánto gastan. Entonces este es el tipo de economía usual: les está ingresando cierta cantidad de dinero, pero los gastos son más elevados, así que generalmente el dinero que se está utilizando de más, por lo regular sale de un préstamo que se adquiere por medio de tarjetas de crédito, que es hoy día el sistema más usado para generar deuda.

La enseñanza de Salomón es la disciplina con el dinero. Cuando no se cuenta con un presupuesto, es fácil gastar montos que no estaban planeados; de esta forma, se comienzan a desangrar las finanzas. Así, se compran cosas que no se usan; por ejemplo, se adquiere un paquete de cable de televisión con 50 canales, pero al final sólo se ven cuatro y así mismo ocurre con todo lo demás. Por esa razón, la abundancia termina corrompiendo a las personas.

Mientras más abundancia, más fidelidad debe haber. Mantenerse observando las cifras es bueno, por eso Salomón dijo que las riquezas no son para siempre. Si usted desea, puede utilizar recursos instructivos en nuestra página web: www.nexosglobal.com, donde podrá descargar un modelo sencillo de presupuesto para que pueda colocar en orden sus finanzas.

"Ve a la hormiga, oh perezoso, mira sus caminos, y sé sabio; la cual no teniendo capitán, ni gobernador, ni señor, prepara en el verano su comida, y recoge en el tiempo de la siega su mantenimiento".
—Proverbios 6:6–8

Ahorrar es la palabra clave de este punto. Suelo hacer esta pregunta en los talleres de finanzas y de la misma manera se la deseo plantear a usted: ¿Qué sucedería si usted perdiera sus ingresos repentinamente? Sé que es del tipo de cuestionamiento que la gente no se hace, pero sería bueno tener una respuesta. Ese es el problema de muchas enseñanzas en las iglesias: lo único que hacen es mostrarle a la gente cómo dar el 10%, pero no enseñan a administrar y multiplicar todas las finanzas. Básicamente se les dice a las personas: "No me interesa su dinero, siempre y cuando no se involucre con mi 10%". Sin embargo, esto es incorrecto, pues lo que hemos observado es que la Biblia tiene planes para todo nuestro dinero y no sólo de lo que se debe entregar en la iglesia. Por eso, el objetivo de este material es que usted pueda conocer los diseños de Dios para sus finanzas, para que prospere y tenga así tranquilidad y paz en su vida.

Las enseñanzas de finanzas no se pueden limitar a sólo una parte de ellas. Es egoísta reducir todas las enseñanzas que Dios ha dejado a solo un 10%. En efecto, solo el 7% de los latinos cree encontrar una respuesta para sus finanzas en la iglesia. Entonces, conforme a la pregunta sobre repentinamente perder las finanzas, algunas personas piensan que es una actitud negativa. Sin embargo, no es así, es sólo ser precavido y proactivo.

"El avisado ve el mal y se esconde; mas los simples pasan y llevan el daño".

—Proverbios 27:12

Recuerdo el testimonio de una mujer que, después de tener un taller de finanzas, se acercó a decirme: "Por muchos años yo tenía un contrato para limpiar unas oficinas en un edificio, un trabajo sólido y bueno. Estaba contenta allí, pero lo que nunca esperé fue que un 11 de septiembre un avión se estrellara contra el edificio que yo limpiaba". Yo le pregunto: "¿Quién presupuesta eso?". Entonces, ¿qué pasó con ella? Todo se convirtió en un caos en su vida.

No sé si usted recuerda que la ensambladora Toyota tuvo que recoger sus carros porque tenían fallas de calidad; por esta razón cerraron la fábrica durante cuatro meses. ¿Usted cree que alguno de los empleados pensó que se iba a quedar sin empleo durante este tiempo, sin recibir salario?

Entonces la Biblia nos dice que durante el verano y en la abundancia debemos separar y guardar para el invierno, para el día de necesidad y calamidad que no esperamos. Esto significa tener una cultura de ahorro. En su presupuesto usted puede apartar un espacio para un porcentaje de ahorro.

"Los tesoros de maldad no serán de provecho; mas la justicia libra de muerte".
—Proverbios 10:2

"El que camina en integridad anda confiado; mas el que pervierte sus caminos será quebrantado".
—Proverbios 10:9

Sea íntegro en la administración de sus finanzas. No evada impuestos, ni haga cosas incorrectas, porque dice la Palabra que en algún momento será descubierto.

No es ajeno pensar que en la gran mayoría de los países el gobierno castiga al empleado y beneficia al empleador, es decir que se tiene más beneficios al tener una corporación o una empresa, que cuando se es empleado. Pero esto no se debe convertir en una excusa para que usted tome la justicia por su cuenta y no pague impuestos; eso es incorrecto. Hoy quiero mencionar algo que le he compartido a nuestra congregación: no viva esperando un retorno de impuestos, porque si su esperanza está depositada en este retorno, eso significa que usted no está produciendo riquezas, pues aquel que tiene sus esperanzas en eso no ha tenido la capacidad de ser fructífero y multiplicador de finanzas.

Algunos me preguntan cómo hago para mi sostenimiento. Bueno, yo tengo negocios personales, pero en esa área la Palabra también es clara.

¿CÓMO ESTÁ PASTOR?

"Pues la Escritura dice: No pondrás bozal al buey que trilla; y: Digno es el obrero de su salario".
—1 Timoteo 5:18

Esta palabra significa que cuando el buey estaba trillando no se le colocaba un bozal porque necesita ser alimentado mientras continuaba su labor de trillar. Esto quiere decir que el buey no cesaba sus labores para alimentarse, sino que rendía al máximo en su trabajo. ¿Cuántos pastores hay que están pasando por necesidades, sin saber cómo cancelar los compromisos de su casa, ni cómo van a sostener a sus familias? Eso es incorrecto. No obstante, algunas personas de las congregaciones no se dan cuenta de eso, aunque exigen responsabilidad de su pastor, quieren ministración, palabra fresca y reconfortante, revelación; sin embargo, ignoran cómo está el hombre de Dios. Son personas que no rodean a sus pastores. Alguna vez le ha preguntado a su pastor: ¿Cómo está?

En cierta ocasión fui a una iglesia donde escuché claramente la voz de Dios que me decía: "Aquí hay deshonra al pastor". Le pregunté por qué y Él me dijo: "Porque este hombre que tiene dos hijos ha estado junto con su esposa dando la vida por esta iglesia. Hace dos años y medio sembraron su carro a otra familia que tenía cuatro hijos, porque el pastor y su esposa no podían aceptar que una familia tan numerosa pudiera estar sin un medio para desplazarse". Así pues, por dos años y medio estuvieron estos pastores sin cómo movilizarse en Miami. Pero muy seguramente los asistentes a la iglesia sí querían que ellos cumplieran con sus citas, los visitaran, les dieran consejería y todo cuanto esta responsabilidad requiere. No obstante, no se preguntaban qué necesitaban ellos para cumplir con todas estas exigencias.

Ese día el Señor me permitió en amor dirigirme a esa congregación y hacer notar el error que estaba cometiendo. Con mi esposa ese día llevamos una ofrenda y toda la iglesia se nos unió. Al poco tiempo llegaron las promesas y se reunió suficiente para comprarles un buen carro, para que pudieran hacer su trabajo. Sin embargo, a veces no pensamos en esto.

Empresario, ¿les está pagando bien a sus empleados? ¿Los felicita por cada meta que se consigue? ¿Les agradece por su colaboración de proyectar cada día su empresa? Algunos empresarios tienen actitud de capataces, y tratan a sus empleados como esclavos, de modo que afirman: "Yo mando, ustedes obedecen", "No, así no es". No fue para eso que Dios lo colocó en ese nivel y le dio ese privilegio; lo hizo para que sea generoso, lo que tampoco significa ser un derrochador.

"Los labios del justo saben hablar lo que agrada; mas la boca de los impíos habla perversidades".

—Proverbios 10:32

Este pasaje se refiere al que es justo en sus negocios, lo que no significa que en cada negocio usted pierda o sea un blando o un insensato. De hecho, Jesús mismo dijo:

" los hijos de este siglo son más sagaces en el trato con sus semejantes que los hijos de luz".

—Lucas 16:8

"He aquí, yo os envío como a ovejas en medio de lobos; sed, pues, prudentes como serpientes, y sencillos como palomas".

—Mateo 10:16

Así que definitivamente necesitamos sabiduría y astucia, pero ante todo justicia.

"El peso falso es abominación a Jehová; mas la pesa cabal le agrada".

—Proverbios 11:1

Cuando va a realizar una venta, ¿esconde información del producto a vender? En efecto, usted sabe que se dañaría el negocio, porque eso se llama injusticia. Igualmente es injusto comprometerse a hacer una cierta cantidad de deberes, pero sólo realizar la mitad o una parte. Un compromiso se debe cumplir, de lo contrario, eso es injusticia. Hay algunas personas de la cultura americana que tienen un principio de vida: "Prometa menos de lo que usted puede llegar a hacer y haga más allá de lo que prometió".

¿Cómo se aplica esto? Cuando usted esté realizando un negocio, si tiene un plazo para entregar el contrato, dé una fecha más allá de la normal, para que pueda cumplir antes del tiempo, es decir, para entregarlo anticipadamente. De esta manera, sus clientes van a estar impresionados por su puntualidad. Sin embargo, el problema ha sido que con frecuencia se pacta a una semana, pero se toman hasta dos, a veces más. Así pues, el cliente ya se hace un mal concepto de su trabajo y responsabilidad.

> "El que confía en sus riquezas caerá; mas los justos reverdecerán como ramas".
>
> —Proverbios 11:28

No ponga su confianza en las riquezas, deposítela en Dios. La palabra CONFIANZA, de acuerdo con el Diccionario de la Real Academia Española, significa "esperanza firme que se tiene de alguien o algo; seguridad que alguien tiene en sí mismo y ánimo; aliento; vigor para obrar". Pero la Biblia describe la palabra CONFIANZA como *"fe y seguridad"*.

Fe: *confianza, fidelidad, obediencia, seguridad.*

> "Es, pues, la fe la certeza de lo que se espera, la convicción de lo que no se ve".
>
> —Hebreos 11:1

Seguridad: *certeza, certidumbre, entrega total hacia algo, firmeza.*

> "En quien tenemos seguridad y acceso con confianza por medio de la fe en Él".
>
> —Efesios 3:12

EL SECRETO DE SALOMÓN

Por eso claramente Jesús nos dice:

"Porque donde esté vuestro tesoro, allí estará también vuestro corazón".

—Mateo 6:21

En relación con este versículo quiero colocar un ejemplo. Digamos que usted nunca ha hecho negocios en la bolsa de valores, pero en determinado momento se entera de que una acción de cierta empresa está a un buen precio. Así pues, usted invierte cierta cantidad de dinero, así que de la noche a la mañana se obsesiona mirando los movimientos de la bolsa: cómo está, subió o bajó, cuánto se afectó su inversión, etc. La razón de esta conducta es que donde está su tesoro, allá están su corazón, sus pensamientos, tiempo, sentimientos y emociones. Por eso, poner su confianza en las riquezas es el peor error, porque nada puede ocupar el lugar de Dios.

"El alma del perezoso desea, y nada alcanza; mas el alma de los diligentes será prosperada".

—Proverbios 13:4

"Las riquezas de vanidad disminuirán;
        pero el que recoge con mano laboriosa las aumenta".

—Proverbios 13:11

Trabaje fuerte, constante y diligentemente. El trabajo trae recompensas, una de ellas es poder con el tiempo disfrutar de su fruto, tener lo deseado y gozar el poseer los sueños pensados. No estoy hablando de las cosas que usted necesita, pues Dios prometió dárselas; el fruto es alcanzar lo deseado. El consejo de la Palabra es: trabaje, ahorre y un día serán multiplicadas sus riquezas.

"De más estima es el buen nombre que las muchas riquezas, y la buena fama más que la plata y el oro".
—Proverbios 22:1

El punto aquí es la buena reputación. Es muy triste que en el momento de hacer negocios las personas digan que se cuenta con un muy buen producto, pero que su dueño es irresponsable e incumplido; es doloroso que las referencias que se tenga de un empresario o de alguien, provengan de su incumplimiento e irresponsabilidad. No es bueno que cuando alguien quiera realizar un negocio, un tercero diga que tenga cuidado al hacer negocios con esa persona, ya que es ventajosa, tramposa, doble, queda mal en sus compromisos, evade impuestos, en fin, que no es de fiar. Eso es terrible.

Pero acá la Palabra nos habla de la buena reputación y el buen nombre. Tal vez se preguntará qué tiene que ver esto con la administración de las finanzas; pues tiene todo que ver, porque ser confiable es uno de los mejores logros que se pueden alcanzar. Por ejemplo, qué bueno es un empleado confiable para su empresa y sus jefes, y leal para con sus compañeros de trabajo.

En su caso particular pregúntese cuál es su posición; ¿tiene la reputación de una persona confiable? ¿Se cree de usted que es diligente o perezoso? ¿Se dice que usted es o no un procrastinador?

Es lamentable que por la reputación de muchos padres, sus hijos y su descendencia sean afectados de una manera negativa. Esto ha ocurrido en todos los niveles sociales, de modo que no distingue posición económica ni cultural.

EL SECRETO DE SALOMÓN

Cuando alguien ha dañado su nombre, afecta incluso a aquellos que hacen parte de su entorno, aunque nada hayan hecho para merecerlo. Hace muchos años bastaba una palabra o un apretón de manos para sellar un negocio y entender que esto tenía más validez que la firma de un documento. Ahora ocurre todo lo contrario. Para un negocio se deben entender entre abogados, traer testigos, ir a una oficina de registro y autenticar firmas; es todo un protocolo, solo porque nos hemos vueltos tanto desconfiados, como de poco fiar.

"No te afanes por hacerte rico; sé prudente, y desiste. ¿Has de poner tus ojos en las riquezas, siendo ningunas? Porque se harán alas como alas de águila, y volarán al cielo".

—Proverbios 23:4–5

Las riquezas deben estar en el lugar correcto: bajo sus pies. Tengo una frase que comparto hoy con ustedes: "El dinero es muy bueno como esclavo, pero muy malo como amo". Por eso Jesús dijo:

"Ninguno puede servir a dos señores; porque o aborrecerá al uno y amará al otro, o estimará al uno y menospreciará al otro. No podéis servir a Dios y a las riquezas".

—Mateo 6:24

Es muy difícil, por no decir imposible, servir a los dos a la misma vez, pues como dice esta Palabra, a uno odiará y al otro lo tendrá en gran estima. Ya lo hemos observado, y muchos hombres en la Palabra vivieron en las riquezas, porque para Dios no es un problema otorgarlas. La cuestión es que ellos las tenían donde debían estar, no por encima de ellos, sino bajo sus pies, es decir, en el lugar correcto.

"Hay quienes reparten, y les es añadido más; y hay quienes retienen más de lo que es justo, pero vienen a pobreza. El alma generosa será prosperada; y el que saciare, él también será saciado".

—Proverbios 11:24–25

"El ojo misericordioso será bendito, porque dio de su pan al indigente".

—Proverbios 22:9

Tenga una cultura de generosidad. ¿Cuál es la constante de la gente? No querer dar, ni ayudar a otros, pero sí ser ayudados. Jocosamente les llamo pingüinos, porque los brazos son tan pequeños que no les alcanzan a llegar a los bolsillos. Son personas que ven la necesidad de otros y pasan de largo, como si no les interesara. Un código del Reino es que aquel que da, recibirá retribución. Dios no es deudor de nadie.

La generosidad no tiene nada que ver con las posesiones o la cantidad de dinero con que se cuente. En efecto, la mayoría de personas están diciendo: "Es que si yo tuviera dinero, o contara con este recurso, seguramente daría y aportaría". Recuerde que ser generoso no tiene nada que ver con cuánto usted gana o tiene, sino con una condición del corazón.

"Vio también a una viuda muy pobre, que echaba allí dos blancas. Y dijo: En verdad os digo, que esta viuda pobre echó más que todos. Porque todos aquéllos echaron para las ofrendas de Dios de lo que les sobra; mas ésta, de su pobreza echó todo el sustento que tenía".

—Lucas 21:2–5

¿Dónde estaba Jesús? Sentado delante del arca de la ofrenda. Este nombre del arca de la ofrenda era dado por los rabinos a trece arcas o cajas de bronce, en las cuales la gente depositaba sus ofrendas. Estas "arcas" se llamaban "trompetas" porque tenían esta forma, con una boca grande en la parte superior. Así, cuando la gente echaba sus monedas, sonaban al caer, y por ellas se podía saber más o menos cuánto colocaban adentro, debido al ruido de las monedas.

Cada caja tenía una inscripción con el nombre para lo cual se iba a destinar el dinero de esa ofrenda en el templo: leña, animales, utensilios, incienso, sacrificios, etc.

¿Qué hacía Jesús? Estaba mirando cómo la gente ponía su dinero en el arca. No se trataba simplemente de una mirada casual, sino que estaba observando con atención. Jesús vio el contraste de muchos ricos y su ofrenda, con la de una pobre viuda. Esta pobre mujer solo depositó dos blancas o un cuadrante que es lo mismo. Significa una moneda muy pequeña, quizás la más pequeña en circulación en ese momento, que equivalía a la cuarta parte de un "as" romano, que era a su vez la décima parte de un denario. Un denario equivalía a un día de sueldo de un obrero.

Su ofrenda era casi nada, de lo más pequeño a los ojos de los hombres. No obstante, para Jesús fue digno de mencionar, a tal punto que llamó a sus discípulos para enseñarles que lo importante no era la cantidad, sino el costo y el sacrificio que implicaba esa ofrenda.

Jesús no habló con la viuda. Quizás ella ni se dio cuenta de que Él la miraba. Sin embargo, Él, siendo Dios como era, aunque no había hablado con ella, sabía que era viuda y que había ofrendado solo dos moneditas. Ella no se acercó a dar diciendo que era todo lo que tenía; pero Jesús, que sabía todo, conocía que era todo lo que tenía la viuda. No nos mintamos; nos podemos engañar los unos a los otros, pero a Dios, no.

Ahora bien, ¿por qué Jesús dijo que ellos habían dado de lo que les sobraba? Comúnmente se cree que las personas que poseen dinero y dan grandes sumas son quienes más dan. Sin embargo, para Jesús no es así, porque muchas veces quienes tienen dinero dan de lo que les sobra, de lo que ya no necesitan. En esta oportunidad, la viuda dio no lo que le sobraba, sino lo que representaba todo su sustento.

También hay personas que dan aun más de lo que deben dar, pero entienden que es para Dios, no para un hombre. Esta clase de actitudes mueven más el corazón del Padre, que cuando se da cantidades sin la revelación de lo que esto implica. Dios sabe cuánto hay en el banco, cuánto hay ahorrado, cuánto guardo más allá de lo que debo atesorar; así pues, conoce que no estoy dando la cantidad que debo. Pero más allá de eso, Él conoce mi corazón.

La generosidad comienza cuando lo somos con Dios y así podemos decir que estamos preparados para ser generosos con la gente. Esta actitud es algo que se desarrolla y no se hace de un momento a otro. Esto quiere decir que cuando tengo amplitud de darle a Dios, estoy capacitado para darle a la gente.

15

PÍDEME LO QUE QUIERAS QUE YO TE DÉ

"Y aquella noche apareció Dios a Salomón y le dijo: Pídeme lo que quieras que yo te dé".
—2 CRÓNICAS 1:7

ESTA, QUIZÁS, ES la pregunta que a muchos nos gustaría escuchar de parte de Dios. La cuestión es: si Dios se le apareció a Salomón en la noche, ¿qué hizo Salomón durante el día para que Dios durante su sueño le dijera que le pidiera lo que quisiera? Algo tuvo que hacer este hombre durante el día para que moviera el cielo a su favor y provocara esta respuesta de Dios.

Quiero detenerme un poco en este punto; por eso voy a ir unos versículos más atrás.

"Salomón hijo de David fue afirmado en su reino, y Jehová su Dios estaba con él, y lo engrandeció sobremanera. Y convocó Salomón a todo Israel, a jefes de millares y de centenas, a jueces y a todos los príncipes de todo Israel, jefes de familias. Y fue Salomón, y con él toda esta asamblea al lugar alto que había en Gabaón; porque allí estaba el tabernáculo de reunión de Dios, que Moisés siervo de Jehová había hecho en el desierto. Pero David había traído el arca de Dios desde Quiriat-jearim al lugar que él le había preparado; porque él le había levantado una tienda en Jerusalén. Asimismo el altar de bronce que había hecho Bezaleel hijo de Uri, hijo de Hur, estaba allí delante del tabernáculo de Jehová, al cual fue a consultar Salomón con aquella asamblea".
—2 Crónicas 1:1–5

La palabra que equivale a *consultar* equivale al hebreo **darash** que significa "buscar, inquirir, perseguir a Dios, adorar a Dios". En el principio de su reinado, lo primero que hizo Salomón fue ir a la presencia de Dios y adorar, con el fin de buscar el consejo de Dios para un tiempo como el que él iba a vivir, así que supo que realmente lo necesitaba. Por tanto, conformó todo un ejército, tanto que se vinieron desde Jerusalén hasta este lugar. Ciertamente, dice la Biblia que esta caravana recorrió hasta el lugar una distancia de aproximadamente nueve kilómetros, ¿qué tienen que ver estos nueve kilómetros (6 millas) y la consulta que quería realizar Salomón?

"Subió, pues, Salomón allá ante Jehová, al altar de bronce que estaba en el tabernáculo de reunión, y ofreció sobre él mil holocaustos".

—2 Crónicas 1:6

Dice la Palabra en Levítico 7 que cuando se hacían cosas como estas, se debía ofrecer un holocausto. Posiblemente se trataba de un toro o una oveja; allí menciona una ofrenda de vacunos u ovinos. Esto quiere decir que la Biblia enseña que cuando se presentaran delante de Dios, debían llevar una oveja o un toro. Salomón tomó tal vez una de las decisiones más importantes de su vida: probablemente pensó llevarle a Dios una ofrenda que verdaderamente lo honrara; por tal razón, tenía el criterio para decir que honráramos a Dios con nuestras primicias y nuestros bienes.

Note esto: no existe en toda la Biblia otro hombre al cual Dios se le haya aparecido y le haya dicho que le pidiera todo lo que quisiera porque Él se lo daría, como tampoco usted encontrará otra ofrenda de este tamaño. Imagínese por un momento lo que significa sacrificar mil toros; calcule cuántos litros de sangre corrieron. Ahora bien, no sólo se trataba de matarlos, sino de distribuir sus partes como se describe en Levítico. Los eruditos llegaron a una conclusión: en un solo sacrificio se demoraban alrededor de medio día. Imagine en el caso de una ofrenda tan descomunal, que movió el corazón de Dios.

Jamás se podrá comprar un milagro a Dios. Salomón no pretendió hacerlo; ciertamente, no habrá nunca una ofrenda de tal valor que pueda provocar una respuesta de Dios, es decir, no hay dinero que le podamos dar a Él. De hecho, eso también le pertenece, pero en Salomón hubo algo que conquistó el corazón de Dios. Quiero en este momento dejar que mi imaginación vuele un poco. Yo creo que Dios desde el cielo dijo lo siguiente: "Si este hombre está dispuesto a darme esta clase de ofrenda, es alguien sumamente confiable para que yo le dé lo que me pida". Entonces, ¿será usted confiable como para que Dios venga y le diga: "Pídeme lo que quieras que yo te lo daré"? ¿O será el tipo de persona que se olvidará de Él cuando comience a ser prosperado y empiecen a sobreabundar sus finanzas?

Hoy es mi obligación decirle algo muy importante: no se olvide nunca de Dios. Algunos logran ser fieles mientras ganan poco o mientras que van aumentando sus ganancias. Sin embargo, cuando ya las ganancias han colmado las expectativas, parece demasiado lo que le corresponde a Dios; otros, de hecho, cuando ven que lo que deben dar es mucho, prefieren crear una fundación y olvidar la directriz de la Biblia.

"Traed todos los diezmos al alfolí y haya alimento en mi casa; y probadme ahora en esto, dice Jehová de los ejércitos, si no os abriré las ventanas de los cielos, y derramaré sobre vosotros bendición hasta que sobreabunde".

—Malaquías 3:10

EL SECRETO DE SALOMÓN

Los diezmos y las ofrendas se llevan al sitio donde usted se alimenta. Ninguno de nosotros come en un restaurante, disfruta de los alimentos que allí venden y paga en el restaurante del lado. De la misma manera, hay muchas personas que van cada semana a alimentarse espiritualmente en una congregación, pero llevan sus finanzas a otro lado. Es en ese momento cuando se comienzan a manifestar los ladrones en las iglesias, según lo que dice la Palabra. Por esa razón, a pesar de saber versículos, asistir sin faltar a cada reunión y ser puntuales, las personas que hacen esto pueden estar viviendo en maldición y desgracia. Siempre tienen una excusa para no andar en legalidad con Dios: no tienen, no les alcanza, no poseen lo suficiente, etc.

Hoy puedo agradecer a mis padres porque desde pequeño me enseñaron estos principios del Reino. Recuerdo que alguna vez les pregunté por qué nunca habíamos pasado ninguna necesidad financiera; su respuesta se imprimió en mi corazón: "Porque siempre honramos a Dios con lo primero". Por ellos comprendí que lo que debo darle a Dios tiene un lugar específico. No es para los niños huérfanos, para las viudas desamparadas, ni tampoco para la abuelita pobre. Según la Biblia, lo que debo dar es para su casa, es decir, la iglesia.

Los diezmos no se dan para ser amados por sus mentores; lo que quiero decir es que el amor de Dios no depende de cuánto y cómo usted dé. Él no lo va a amar más o menos por esto. Así pues, no es cuestión de amor de Dios hacia mí, sino de vivir bajo una consecuencia al no demostrar mi amor hacia Él y honrarlo según ese amor que digo tenerle. Así que el día de hoy Dios, la Palabra y Salomón nos enseñan a mostrar nuestro agradecimiento de nuestra comunión con Dios.

Nuestra fe se demuestra con las finanzas

"Y sucedió que un varón llamado Zaqueo, que era jefe de los publicanos, y rico, procuraba ver quién era Jesús; pero no podía a causa de la multitud, pues era pequeño de estatura. Y corriendo delante, subió a un árbol sicómoro para verle; porque había de pasar por allí. Cuando Jesús llegó a aquel lugar, mirando hacia arriba, le vio, y le dijo: 'Zaqueo, date prisa, desciende, porque hoy es necesario que pose yo en tu casa'. Entonces él descendió aprisa, y le recibió gozoso. Al ver esto, todos murmuraban, diciendo que había entrado a posar con un hombre pecador. Entonces Zaqueo, puesto en pie, dijo al Señor: 'He aquí, Señor, la mitad de mis bienes doy a los pobres; y si en algo he defraudado a alguno, se lo devuelvo cuadruplicado'. Jesús le dijo: 'Hoy ha venido la salvación a esta casa; por cuanto él también es hijo de Abraham'".
—Lucas 19:2–9

Este hombre era de lo peor en la sociedad, pero reconoció a Jesús como el Señor. Por lo tanto, tuvo una actitud dadivosa, de manera que Jesús exaltó su accionar. Su actitud determinó dónde estaba su corazón y qué tan salvo era. No estoy afirmando que quien no da no es salvo; por supuesto que no es así, pero sí determina qué clase de cristiano se es. Por eso, Jesús dijo que en ese momento había llegado la salvación a esa casa.

Hoy pido a Dios que les multiplique y extienda el territorio donde están; que Él motive, incluso, que personas en otros países quieran bendecirlos; que nuevos clientes busquen sus negocios, sus empresas y sus productos; que ocurra en ustedes promociones y ascensos en los lugares donde Dios los ha puesto. Pero de la misma manera le pido al Padre que no les dé nada que los aleje de Él, o que les impida amarlo y honrarlo. Le pido a Dios que esos sueños de apoyar su obra permanezcan y crezcan cuando sean multiplicados sobreabundantemente. Que en ustedes se forme un corazón agradecido, que honre y que entienda que las finanzas deben estar bajo el señorío de Dios; que a partir de hoy ellas no sean su amo, sino su esclavo para cumplir cada propósito que Dios ha determinado desde la eternidad para usted. Le bendigo y pido a Dios que este manuscrito le permita conocer los hábitos que evitan la pobreza y generan riqueza. Espero que ahora usted los aplique y pueda poner en práctica *el secreto de Salomón*.

GUÍA DE GRUPOS PEQUEÑOS

EL SECRETO DE SALOMÓN

BIENVENIDO A ESTE estudio de ocho semanas sobre *El secreto de Salomón*. Esperamos que sea un tiempo transformador, que renueve su perspectiva sobre las finanzas, pero sobre todo, que le permita conocer a profundidad el corazón del Padre celestial y los planes que Él tiene para sus hijos.

SEMANA 1
(LECTURA INTRODUCCIÓN Y CAPÍTULO 1)

- Cada persona tiene una historia relacionada con el tema de las finanzas y la Iglesia. ¿Cuál ha sido su experiencia?, ¿Cuáles son sus principales conclusiones en esta área?

_____

_____

_____

_____

_____

- ¿De qué manera las enseñanzas o predicaciones de su iglesia, han afectado sus finanzas? ¿Ha sido para bien o para mal?

_____

_____

_____

_____

_____

- ¿Cree que en la Biblia hay consejos relevantes para tener una mejor "vida financiera"? ¿Por qué?

_____

_____

_____

_____

_____

Hay mucha gente rica en la actualidad; las empresas de tecnología han permitido que grandes fortunas se creen en los últimos años e incluso encontramos casos de visionarios que a muy temprana edad ya son millonarios. Además, son conocidos los casos de hombres y mujeres alrededor del mundo con grandes organizaciones y negocios tradicionales que alcanzan cifras bastante representativas. Sin embargo, ninguno como Salomón.

Después de leer el capítulo 1, conteste:

- ¿Cambia en algo su concepto sobre Dios y la riqueza al conocer la historia de Salomón?

_____

_____

_____

_____

_____

- ¿Cuál aspecto de la vida de Salomón le genera más curiosidad?

_____

_____

_____

_____

- En la actualidad se subastan almuerzos con personas como Warren Buffett o Bill Gates y su venta alcanza millonarios valores. Si tuviera la oportunidad de tener un almuerzo con Salomón, ¿qué le preguntaría?

_____

_____

_____

_____

- Al finalizar el estudio de esta primera semana, ¿cuáles son sus conclusiones?

_____

_____

_____

_____

_____

SEMANA 2
(CAPÍTULOS 2 Y 3)

Conocer el corazón del Padre celestial, nos permite tener una perspectiva correcta sobre el área financiera.

Al pensar en Jesús, vemos que el imaginario tradicional acerca de los tres hombres que se acercaron al pesebre con pequeños cofres, no se asemeja mucho a la historia bíblica.

- Según lo estudiado en este capítulo, ¿cómo cree que fue el momento de la llegada de los hombre sabios (reyes magos) a saludar a Jesús y qué tan grandes fueron sus regalos?

_____

_____

_____

_____

_____

- ¿Alguna vez se le ha ocurrido que le está dando "demasiado" a Dios?

_____

_____

_____

_____

- ¿Qué aprendió de la manera como Salomón utilizó sus finanzas para honrar a Dios?

_____

_____

_____

_____

_____

_____

- ¿Qué opina de la respuesta de Salomón, ante la propuesta de Dios sobre darle cualquier cosa que él pidiera?

_____

_____

_____

_____

_____

_____

- Hasta este día, qué era más importante para usted: ¿tener mucho dinero o administrar correctamente lo que tiene?

_____

_____

_____

_____

_____

_____

- ¿Cuáles de los beneficios de la sabiduría han llamado más su atención durante este estudio?

_____

_____

_____

_____

_____

_____

_____

- ¿Qué decisiones específicas debe tomar para adquirir sabiduría?

_____

_____

_____

_____

_____

_____

_____

- Al finalizar el estudio de esta semana, ¿qué conclusiones puede escribir?

_____

_____

_____

_____

_____

_____

_____

SEMANA 3
(CAPÍTULOS 4 Y 5)

- ¿Qué opinión tiene sobre la frase: "El abuso le lleva al desuso"?

_____

_____

_____

_____

- ¿Qué opinión tiene de los conceptos "diezmo", "ofrenda" y "primicias"?

_____

_____

_____

- ¿Cree que tiene alguna responsabilidad financiera para el establecimiento del Reino de Dios en la tierra?

_____

_____

_____

_____

- ¿Cómo describe esa responsabilidad si cree que la tiene? ¿Qué cosas incluye?

_____

_____

_____

_____

_____

- Al ser Dios el encargado de sostener su obra, ¿lo exime de su responsabilidad de dar, o lo compromete más?

_____

_____

_____

_____

- ¿Cómo financia Dios su obra en la tierra? ¿Con quién lo hace?

_____

_____

_____

_____

Estudiemos el primero de los factores que retarda la riqueza.

- ¿Qué es la pereza?

_____

_____

_____

_____

- ¿Cree que es una persona perezosa?

_____

_____

_____

_____

- ¿Cree que la pereza se ve?

_____

_____

_____

_____

- ¿Es usted un procastinador?

- Su futuro financiero, ¿depende de Dios o de usted?

- ¿Hay algo que usted pueda hacer para modificar su destino financiero o Dios lo tiene determinado?

_____

_____

_____

_____

_____

_____

- Al finalizar el estudio de esta semana, ¿qué conclusiones puede escribir?

_____

_____

_____

_____

_____

_____

_____

_____

SEMANA 4
(CAPÍTULOS 6 Y 7)

- ¿Qué aprendió sobre el sueño esta semana?

_____

_____

_____

_____

- ¿Cómo considera sus hábitos de sueño frente a lo que la Biblia dice?

_____

_____

_____

- ¿Qué opina de los resultados de los estudios realizados por científicos sobre los hábitos del sueño y lo que la Biblia dice al respecto?

_____

_____

_____

_____

- "Las oportunidades no van a llegar a la cama y, si acaso llegan, la persona que está dormida no se va a enterar de que ellas lo visitaron". ¿Qué opinión le genera esa frase?

_____

_____

_____

_____

_____

- Defina con sus propias palabras, "negligencia":

_____

_____

_____

_____

_____

- ¿Cree que es una persona diligente o negligente?

_____

_____

_____

_____

- ¿Recuerda haber perdido oportunidades por la negligencia?

_____

_____

_____

_____

_____

_____

_____

- ¿Termina las cosas que empieza?

_____

_____

_____

_____

_____

_____

_____

EL SECRETO DE SALOMÓN

- Según la estrategia para establecer prioridades ¿hay algo nuevo que pueda incorporar en su agenda?

_____

_____

_____

_____

_____

_____

_____

- Al finalizar el estudio de esta semana, ¿qué conclusiones puede escribir?

_____

_____

_____

_____

_____

_____

_____

_____

SEMANA 5
(CAPÍTULOS 8 Y 9)

Esta semana estaremos tratando temas un poco más íntimos, asuntos que nos van a confrontar frente a los hábitos incorrectos en nuestra vida.

- ¿Qué hábitos incorrectos trajo Dios a su mente durante la lectura?

_____

_____

_____

_____

_____

- ¿Conocía la posición de la Biblia ante esos aspectos? ¿Qué cree que debe ajustar en su vida después de conocerlos?

_____

_____

_____

_____

_____

_____

- En algunos países se vive y se hacen negocios bajo una cultura de soborno, evasión y robo, ¿cree que estos aspectos tienen validez en esos países?

_____

_____

_____

_____

_____

_____

- ¿Qué opinión tiene ahora del concepto de salir fiador de alguien?

_____

_____

_____

_____

_____

_____

_____

_____

- "Las muchas palabras nos conducen a la pobreza". ¿Sabía sobre la relación entre lo que usted habla y el estado de sus finanzas?

_____

_____

_____

_____

_____

_____

_____

- ¿Haría negocios con personas que hablan acerca de muchos proyectos pero que no han materializado ninguno? ¿Por qué?

_____

_____

_____

_____

_____

_____

- ¿Cómo cree que son afectadas las personas que están bajo un liderazgo "falto de palabra" (que no cumple)? ¿Le gustaría compartir alguna experiencia?

_____

_____

_____

_____

_____

_____

- Al finalizar el estudio de esta semana, ¿qué conclusiones puede escribir?

_____

_____

_____

_____

_____

_____

_____

SEMANA 6
(CAPÍTULOS 10 Y 11)

- Muchas personas creen que hay otras y mejores vías para adquirir riqueza además del trabajo duro y el ahorro, ¿qué cree usted?

_____

_____

_____

_____

_____

- Los japoneses ven de mala manera a las personas que se enriquecen rápidamente, piensan que es una deshonra para aquellos que han levantado su familia y negocios con el paso de los años. ¿Cree que es correcta o incorrecta esa apreciación japonesa?

_____

_____

_____

_____

_____

EL SECRETO DE SALOMÓN

- Esta semana conoció un poco sobre las historias financieras de los jugadores profesionales en Estados Unidos, ¿qué lección puede aprender?

_____

_____

_____

_____

_____

- El final de la mayoría de la gente que se enriquece rápidamente ya sean traficantes, ganadores de lotería, apostadores, profesionales del deporte, etc., terminan en la quiebra, sin amigos, muchos sin familia y otros en la cárcel o muertos, ¿cómo se relaciona lo leído en la Biblia esta semana con estos casos?

_____

_____

_____

_____

_____

_____

- ¿Conceptos como trabajo duro y pereza, afectan sus finanzas? ¿De qué forma?

_____

_____

_____

_____

_____

_____

_____

- ¿Había considerado alguna vez que los vicios y el pecado oculto son generadores de pobreza? ¿Le gustaría compartir alguna experiencia?

_____

_____

_____

_____

_____

_____

_____

EL SECRETO DE SALOMÓN

- ¿Identifica algún área, o una preferencia, en la que usted no se limita para gastar? Es decir, algo a lo que NO le niega dinero.

_____

_____

_____

_____

_____

_____

- Al finalizar el estudio de esta semana, ¿qué conclusiones puede escribir?

_____

_____

_____

_____

_____

_____

_____

SEMANA 7
(CAPÍTULOS 12 Y 13)

- ¿Había considerado alguna vez que el pecado oculto es generador de pobreza? ¿Le gustaría compartir alguna experiencia?

_____

_____

_____

_____

_____

- Cada vez son más frecuentes las historias de líderes, deportistas, políticos y gente famosa que son expuestos a grandes escándalos por asuntos ocultos en sus vidas. ¿Considera que nos estamos acostumbrando? ¿Cúal debe ser nuestra posición?

_____

_____

_____

_____

_____

_____

_____

- ¿Qué tan significativo es el rol de las person famosas en la vidad de nuestros hijos? ¿Quienes deben modelar lo correcto?

_____

_____

_____

_____

_____

- Proverbios 13:11 "Lo que fácilmente se gana, fácilmente se acaba; ahorra poco a poco y un día serás rico". ¿Qué opina de este versículo?

_____

_____

_____

_____

- ¿Considera que su dar a Dios es coherente a su amor por Él?

_____

_____

_____

_____

- Salomón nos dice: "Si quieren que les vaya bien financieramente, honren a Dios con sus finanzas". Al llegar al final de este estudio, ¿qué piensa de esta declaración?

_____

_____

_____

_____

_____

_____

- Al finalizar el estudio de esta semana, ¿qué conclusiones puede escribir?

_____

_____

_____

_____

_____

_____

_____

EL SECRETO DE SALOMÓN

SEMANA 8
(CAPÍTULOS 14 Y 15)

- Salomón nos dice: "Si quieren que les vaya bien financieramente, honren a Dios con sus finanzas". Al llegar al final de este estudio, ¿qué piensa de esta declaración?

_____

_____

_____

- Comente cuáles de los 13 consejos para administrar la riqueza le han impactado más y por qué.

_____

_____

_____

- Si tuviera que escoger uno solo de los consejos, ¿cuál escogería como el más importante para la administración de la riqueza?

_____

_____

_____

- Si Dios le dijera, "pídeme lo que quieras que yo te lo daré", ¿qué le pediría?

_____

_____

_____

_____

- "Algunos son fieles a Dios mientras ganan poco, pero al empezar a aumentar sus ingresos parece que la porción de Dios se vuelve muy grande". ¿Qué opina de esta declaración?

_____

_____

_____

_____

- Si Dios le pidiera una ofrenda extravagante, ¿estaría dispuesto a darla? (ejemplo: sus ahorros, su casa, su fondo de retiro, un mes de salario)

_____

_____

_____

_____

- ¿Cree que usted está preparado para que Dios le entregue grandes cantidades de dinero para que las administre?

_____

_____

_____

_____

_____

_____

- ¿Qué cambios generó este estudio en su vida?

_____

_____

_____

_____

_____

_____

_____

SOBRE EL AUTOR

EDWIN CASTRO nació en Bogotá, Colombia, y es pastor y entrenador de vida. Además, es el director de Nexos Global y de Presencia Viva, a través de estos ministerios cumple con el propósito de su vida, que es equipar a esta generación para que encuentren su identidad, obtengan libertad financiera y descubran su propósito. Por medio de una palabra relevante para la sociedad actual, busca presentar principios eternos aplicados a individuos, familias y naciones. Sus conferencias y enseñanzas han sido aplicadas por diversas empresas y miles de personas en Norte, Centro, Suramérica y España. Gracias a su formación en administración de empresas y a su vasta experiencia en el mundo empresarial, se desempeña como consultor financiero y escritor. Su primer libro, *Libertad financiera* ha sido muy exitoso. Además, en noviembre de 2015 el Congreso de la República de Colombia le confirió el grado de Caballero, por su valioso aporte a la comunidad y su trabajo de excelencia y altruismo. Reside en Miami, Florida junto con su esposa Maribel y su hija Marianna.

Información de contacto:
www.edwincastro.com
info@edwincastro.com
www.nexosglobal.com
Tel. (305) 592-9966

 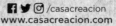

Te invitamos a que visites nuestra página web, donde podrás apreciar la pasión por la publicación de libros y Biblias:

www.casacreacion.com

Para vivir la Palabra